民族传统体育文化的传承与发展

傅 超 欧 骏 廖韶伟 ◎ 著

中国书籍出版社
China Book Press

图书在版编目（CIP）数据

民族传统体育文化的传承与发展 / 傅超, 欧骏, 廖韶伟著. -- 北京 : 中国书籍出版社, 2024.11.

ISBN 978-7-5241-0061-4

Ⅰ. G852.9

中国国家版本馆 CIP 数据核字第 20247547AB 号

民族传统体育文化的传承与发展

傅　超　欧　骏　廖韶伟　著

图书策划	成晓春
责任编辑	张　娟　成晓春
封面设计	守正文化
责任印制	孙马飞　马　芝
出版发行	中国书籍出版社
地　　址	北京市丰台区三路居路 97 号（邮编：100073）
电　　话	（010）52257143（总编室）（010）52257140（发行部）
电子邮箱	eo@chinabp.com.cn
经　　销	全国新华书店
印　　刷	天津和萱印刷有限公司
开　　本	710 毫米 ×1000 毫米　1/16
字　　数	210 千字
印　　张	10.5
版　　次	2025 年 5 月第 1 版
印　　次	2025 年 5 月第 1 次印刷
书　　号	ISBN 978-7-5241-0061-4
定　　价	70.00 元

版权所有　翻印必究

前　言

　　民族传统体育文化是中华传统文化的瑰宝。在多元文化的背景下，民族传统体育文化受到了现代文明的猛烈冲击，其传承和发展进程正经历着断崖式的改变。推进我国民族传统体育文化的保护进程、传承进程以及发展进程，是每个中华儿女的使命，是处在 21 世纪的我们必须正视和面对的。提高民族传统体育文化的传播广度和传播深度，为民族传统体育文化稳步传承和发展助力，有助于提高我国的文化软实力，进而从根本上扩大中国传统文化在世界范围内的影响力。今天越来越多的人认识到有效传承和发展民族传统体育文化具有深远意义，很多学者相继把注意力聚焦在这个方面。

　　中华文明历史悠久，历经五千多年传承发展。在这一漫长历程中，民族传统体育文化作为中华民族文化的重要组成部分，在促进民族团结、塑造优良民族品质、规范社会行为以及强身健体等方面，发挥了举足轻重的作用。在当前构建人类命运共同体的形势下，我们应承担起保护和传承优秀民族体育文化的重任，增强其竞争力与生机活力。

　　传统体育文化具有教育性、健身性、娱乐性、休闲性等特征，符合学生年龄特点，便于教学实施与开展，由此，将传统体育融入体育课堂是当代学校的新任务，是传统体育文化走向规范化、科学化、普及化的必由之路。继承与弘扬优秀传统文化，是学校教育的永恒主题，是文化传播的重要组成部分。学校开展传统体育教育，不仅可以充实学校体育的教育体系，有效地增强学生体质，还能培养学生的爱国情怀。

　　传统体育文化是一个国家的历史积淀，而学校是传承文化、培育体育文化的摇篮，对我国的文化传承具有重要作用。将传统体育项目引进课堂，不仅有助于传统体育文化的传承，更对发展我国的体育事业具有深远意义。不管时代如何变化，传统体育文化精神都影响着一代又一代人的思想和观念，并以其绚丽多姿的形态呈现在人们面前，充满了生机和活力。中华传统体育文化将会以新的姿态向世界进行展示，为世界体育文化的发展贡献一份力量！

  本书以民族传统体育文化为研究主体，对其传承与发展进行了深入的研究。在撰写本书的过程中，笔者参考和借鉴了许多专家的研究成果，在此向他们表示由衷的感谢。由于笔者水平和精力有限，书中难免有不足之处，敬请广大读者批评指正。

傅超 欧骏 廖韶伟
2023 年 10 月

目　录

第一章　民族传统体育文化概述 … 1
 第一节　民族传统体育文化的定义 … 1
 第二节　民族传统体育文化的属性 … 3
 第三节　弘扬民族传统体育文化的现实意义 … 6
 第四节　民族传统体育文化的特点和价值 … 9
 第五节　民族传统体育文化生态现状和困境 … 22

第二章　民族传统体育文化的内涵与价值呈现 … 35
 第一节　民族传统体育的物质文化内涵 … 35
 第二节　民族传统体育的精神文化内涵 … 52
 第三节　民族传统体育的制度文化内涵 … 54
 第四节　民族传统体育文化的多元价值 … 57

第三章　民族传统体育文化的渊源 … 75
 第一节　民族传统体育文化的本源 … 75
 第二节　民族传统体育文化的起源 … 85
 第三节　民族传统体育文化的发展 … 86

第四章　民族传统体育文化的传承与发展分析 … 105
 第一节　民族传统体育文化传承的理论 … 105
 第二节　民族传统体育文化传承的必要性和形式 … 118

  第三节 民族传统体育文化发展的现状分析 ………………… 122
  第四节 民族传统体育文化发展中存在的问题分析 …………… 126

第五章 民族传统体育文化的现代传承与发展战略 ………………… 133
  第一节 民族传统体育文化传承与发展的基本路径 …………… 133
  第二节 建立民族传统体育文化传承与发展的保障 …………… 138
  第三节 加强民族传统体育的挖掘与整理 ……………………… 140
  第四节 健全民族传统体育文化体系 …………………………… 144
  第五节 加快民族传统体育的国际交流 ………………………… 146

第六章 优秀民族传统体育文化传承与发展实例 …………………… 150
  第一节 舞龙、舞狮的传承与发展 ……………………………… 150
  第二节 健球、木球的传承与发展 ……………………………… 152
  第三节 秋千、风筝的传承与发展 ……………………………… 154

参考文献 ……………………………………………………………………… 158

第一章 民族传统体育文化概述

本章为民族传统体育文化概述，主要包括民族传统体育文化的定义、民族传统体育文化的属性、弘扬民族传统体育文化的现实意义、民族传统体育文化的特点和价值、民族传统体育文化生态现状和困境。

第一节 民族传统体育文化的定义

不同学者对体育文化的概念有不同的理解与看法，而且直到目前，相关学者与专家的观念在这方面还未达成统一。下面就国内外一些具有代表性的专家、学者对体育文化的理解与认识进行分析。

一、国外学者对体育文化的认识

身体文化一词最初出现在《体育史》中，该书以"斯拉夫民族的沐浴和按摩等保健养生活动"来解释身体文化。与此相类似的是，《新韦氏国际英语大辞典》也以"有关身体系统的保养"来解释身体文化。对于这一观点，不同人有不同的看法，而且也由此派生了一些不同的观点。

到了20世纪，人们对体育和文化的了解较以往更全面，对体育文化的研究也更深入，而且开始从多元角度解释身体文化。比较有代表性的观点主要有以下两种。

第一，身体锻炼，即为身体文化。

第二，身体文化是一套身体运动体系，旨在促进健康水平的提高和体力的增强。

顾拜旦对第二种观点高度赞成。

20世纪70年代,体育文化的概念在《体育运动词汇》一书中被明确提出,即以身体锻炼为核心,提高人的身体素质和精神潜力的所有范畴、规律、物质设施及制度的总和就是所谓的体育文化。在这一界定中,体育文化是广义文化的重要组成部分。

二、我国学者对体育文化的认识

虞小燕认为,在人类体育运动的发展过程中所形成和创造的物质文化、精神文化以及制度文化总称为体育文化。具体来说,体育文化就是体育场地器材、体育思想观念、体育情感价值、体育理想追求等各方面体育要素的综合。传统上简单地将体育物质形态的文化定义为体育文化,如体能素质、运动产品、体育场地器械等。虞小燕的观念突破了这一限定,他指出体育精神文化、制度文化也属于体育文化的范畴。①

"文化是一个涵义极广的概念,从广义上说,文化是指人类社会历史实践过程中所创造的物质财富与精神财富的总和。"② 为促进人们的健康而形成的各种体育思想、体育制度、体育道德及体育观念等都属于体育文化的范畴。从更广阔的范围来看,为促进体育目标实现而采取的一切改革措施以及取得的改革成果也属于体育文化的内容。

易剑东在《体育文化学》一书中提出,能够促进人身心健康和全面发展的身体运动及其相关文化体即为体育文化。③

就文化而言,体育文化可以被看作是其一个分支,特指与体育运动相关的文化内容。文化可以被看作是体育文化的上位概念。

综合以上几种观点,我们可以将体育文化定义为:以增强体质、发展身心、振奋精神、改善生活方式等为主旨的体育运动及其相关的物质财富与精神财富的总和。

---

① 虞小燕. 体育文化建设对高职院校和谐校园构建的价值与作用探析 [J]. 佳木斯教育学院学报, 2011(4): 338-339.
② 常丽丽. 英语教学中的文化习得与交际能力培养 [J]. 决策探索(下半月), 2008(3): 72-73.
③ 易剑东. 体育文化学 [M]. 北京:北京体育大学出版社, 2006.

第二节 民族传统体育文化的属性

一、民族传统体育文化的民族性

在人类创造文化的同时，文化也在塑造人类本身，但人类难以创造出统一模式的文化。这是因为人类将自己塑造成了具有不同文化特征的群体——民族，因此，世界各民族的传统体育也深深烙上了民族性的烙印。每一个地区和国家都有各自独特的传统体育文化。

尽管各民族传统体育的类型和模式不同，但它们既有体育文化的共性、一般特征和基本属性，也带有强烈的民族意识和民族文化气息，独具一格。各个国家和地区的传统体育文化的民族性，通过体育精神以及体育的外在形式、运动规则和具体要求体现出来。而我国民族传统体育的民族性，主要表现为整体性、和谐性、伦理教化性、养生性、保健性等。

二、民族传统体育文化的地域性

地域作为一个民族长期繁衍生息的空间条件，对民族的生活方式、经济活动以及体育文化等方面都有着深远的影响。我国经纬跨度大，东西南北自然地理差异大，各民族"大杂居、小聚居"的状况，使得各个地域存在不同的价值观念和审美情趣，进而产生了不同的体育文化。换言之，我国各民族的不同生产方式、生活技能和社会风尚造就了各种各样的民族传统体育文化。

从历史上来看，在我国，北人乐骑，南人善舟。北方地区通常气候寒冷，草原、沙漠和高原较多，这种地理环境影响了北方民族的生活方式和体育运动习惯。北方民族有更多骑马、射箭等个体化的活动，强调个人技巧和勇武品质。南方地区气候潮湿，江河纵横，水域较多，深受水域环境的影响。南方民族习惯于水上活动，擅长舟艇运动等。这些活动强调集体合作、团队协作和协调动作，体现了南方民族重视集体性和团队精神的特点。此外，即使是在同一地区，由于地方风俗、宗教信仰、历史传承以及地理条件的差异，同一体育项目也可能具有不同的开展方式和方法。这些地方特点不断融合和交流，形成了中国丰富多样的民族传统体育文化。这种地域性的特色不仅仅是文化的一种表现，也是中华民族传统体育文化的独特魅力和丰富多样性的体现。

三、民族传统体育文化的封闭性

在长期的历史发展中，我国各民族文化的互相借鉴吸收、碰撞及融合，不仅丰富了自身文化，而且形成了具有共同文化价值观的多元一体的文化格局。当然，由于自然地理、自给自足的小农经济、血缘、宗族等因素的影响，我国传统文化具有一定的封闭性，各少数民族、同一民族的传统文化存在独特的风格和特点。

中国传统文化的封闭性使得中国传统体育文化也具有一定的封闭性，有些体育活动往往只在少数人中传播，甚至在一些地区自生自灭。例如，陈家沟太极拳由于所处地理环境封闭而只能与同类其他拳种进行有限的交流，在特定区域范围内自我萌生、发展，虽形成了特有的太极风格，但传播范围有限。

四、民族传统体育文化的生产性

由于生产活动是体育文化产生的重要源头，因此民族传统体育以生产为基本支点，其产生和发展依赖技术系统。例如，马匹是北方民族地区人们生产的必备工具，由此演化出马上运动项目；居住在东北原始森林地区的鄂伦春族，长期从事狩猎生产活动，形成了豪放、勇敢、强悍的性格，喜爱射击、赛马、皮爬犁、桦皮船、斗熊等体育活动，以骏马、猎枪、猎犬闻名于世。

因此，生产性是民族传统体育文化发展的重要基础，是民族传统体育最基础的文化属性。

五、民族传统体育文化的生活性

人们生活的特定环境对人自身和人所创造的文化都产生了重大影响。人类环境总是按照不断提高生活质量和生活品位的规律而发展的。在人类社会发展初期，生活与生产内容是一体的。狩猎、游牧、耕作等生产活动，庆祝收获、祈祷祭祀等生活内容总离不开人类社会初期形成的动作活动方式，即体育。可见，体育是人们生产和生活中最重要的组成部分之一，具有生活性。

虽然体育的生产性随着人类社会的发展和社会文明的进步而逐渐减弱，但体育却在现代生活中发挥越来越重要的作用，已成为人们生活的核心和文化的主体。在汉族聚集区传统文化体育文化呈现出弱化的趋势，但少数民族仍保留着过去的生活方式。

六、民族传统体育文化的认同性

血缘认同和民族认同是民族认同的重要前提和基础。血缘认同指的是同一民族成员之间基于共同的血缘和遗传关系而形成的认同感，而民族认同则是基于共同的语言、文化、历史和传统等因素而形成的认同感。这两者相互关联并相互支持，共同构成了民族认同的基础。民族认同的深层次是民族文化的认同。民族文化是通过多个方面来构建和传承的。在这个过程中，民族文化成为民族成员认同和归属感的重要标志和符号。体育作为民族文化的重要组成部分，具有突出的符号作用和提高民族文化形象的意义。体育项目承载着民族的历史、价值观和生活方式，通过运动技艺、规则和装饰等方面体现了民族的特色和风采。

中国武术是一个很好的例子。它不仅是技术动作的归纳和总结，更是中华民族文化长期演化的产物。中国武术融合了东方哲学的思想内涵，通过动作和表演展现了中华民族文化的独特性和智慧。同时，搏克、且里西、北嘎等摔跤形式也是各个民族的特色体育项目。这些摔跤形式在不同民族之间有着不同的表现形式和规则，从而成为各个民族的符号。通过参与和传承这些体育项目，民族成员加深了对自身民族文化的认同，并将其作为构建和表达民族认同的重要方式。

七、民族传统体育文化的娱乐性

娱乐是民族传统体育发展的重要动力之一，是体育起源要素中一个较为重要的成分。民族传统体育的娱乐性主要包含身体技能性、谋略性和机遇性。第一种对技术要求比较高，具有强烈的自娱性和娱他性；第二种对人的谋略、心智水平要求较高；第三种主要是对竞技中机会的把握能力。

我国民族传统体育文化是以满足人民身心健康和情感需求为宗旨的自娱自乐、游戏的方式呈现的。这些活动因其独特的魅力，在民众中产生了深远的影响。参与其中，人们得以直接表达情感、宣泄压力，并从中获取快乐。诸多娱乐项目不仅是民族集会的盛大途径，也是社会交往和文化交流的重要平台。例如，西双版纳基诺族在欢庆的时节，便会齐聚一堂，开展各种民族传统体育活动。这些活动不仅是身体锻炼和竞技的途径，更是传承民族文化的重要载体。民族传统体育文化的多样性和活力，极大地丰富了民众文娱生活，满足了其娱乐和社交的需求。

第三节 弘扬民族传统体育文化的现实意义

一、弘扬民族传统体育文化对道德教育的意义

（一）弘扬民族传统体育文化对道德教育的必要性

道德教育在学生的学习过程中具有至关重要的地位，它不仅关乎学生的个人品行与行为表现，更对他们的社会融入能力和未来发展产生深远影响。然而，如何实施高效可行的道德教育，以引导学生形成正确价值观，实为一项颇具挑战性的教育难题。传统体育文化可以成为高效的道德教育工具，利用体育活动寓教于乐，培养学生的道德素养和价值观念。传统体育文化中的运动项目具有深远的历史意义和深厚的文化内涵，通过这些项目可以向学生传递道德价值观，激发其爱国主义精神和团队合作精神。以划龙舟为例，这是中国传统节日端午节的重要活动之一。划龙舟不仅有体育竞技的特点，还蕴含着历史和文化。通过参与划龙舟活动，学生可以了解到屈原的故事，理解他的爱国情怀和牺牲精神，从而培养其对祖国和民族的热爱。同时，在划龙舟的比赛中，学生也会体验到团结协作、互助互爱的精神。这种团队合作的精神可以培养学生的集体观念和社会责任感，使他们明白个人的力量有限，只有团结一致才能取得更好的成绩。这些道德教育的内容在体育活动中可以得到直接的实践，更容易被学生理解和接受。除了划龙舟，还有其他许多传统体育项目，都可以作为道德教育的工具。通过这些活动，可以让学生感受民族文化和传统的价值观念，培养他们的道德情感和品格。

（二）弘扬民族传统体育文化的道德教育价值

体育活动在学校教育中占据举足轻重的地位，它既是学习过程中的不可或缺

的运动元素，也是一种有效的压力缓解方式。在民族传统体育文化背景下，这些活动得以在愉悦的氛围中陶冶学生的道德品质。通过体育活动，学生可以实际体验到传统体育文化所具有的道德价值观。在实践中，他们可以感受到自己努力达成目标的成就感，也可以体验到团队合作的重要性，以及培养遵守规则、尊重他人的价值观念。这种直接的体验，有助于学生理解和接受道德价值观，并将其内化为自己的思想和行为准则。在文化体育课程教学中，重点是介绍民族传统体育文化中的文化内涵，并将其与体育教学活动相结合，进行科学合理的教学。通过向学生介绍传统体育文化的文化内涵，可以唤起他们对民族文化的兴趣和热爱，进而将其运用到体育活动中。以太极拳和摔跤为例，太极拳代表平静和柔和，通过学习太极拳可以引导学生理解以柔克刚、内外兼修的道德品质。太极拳注重内心的平静、自律和谦逊，通过练习太极拳，学生可以培养出自我控制和平和处事的能力。摔跤代表力量，学习摔跤可以让学生培养勇敢、坚韧和自信的品质。通过摔跤的锻炼，学生能够养成敢于面对困难和挑战，展现勇气和坚持不懈的精神。

二、弘扬民族传统体育文化对民族文化的现实意义

我国传统体育项目中融合了丰富的传统民俗文化，弘扬民族传统体育文化时，不仅是在保护和传承传统运动项目，而且也是在维护我国的非物质文化遗产。这种文化遗产以其独特的价值和历史意义成为世界宝贵的精神财富。首先，传统体育项目融合了丰富的民俗文化，传达了深厚的民族情感和观念。通过弘扬这些传统体育文化，能够传承民族的历史和文化传统。这有助于保护和传承非物质文化遗产，使其在现代社会得以继续存在和发展。其次，保护和传承传统运动项目的过程也是保护整个民族文化的多样性和丰富性的过程。我国拥有五十六个民族，每个民族都有独特的传统体育项目和民俗文化。通过弘扬这些体育文化，不仅能够展示各个民族的独特风采，还促进了不同民族之间的文化交流和理解。这种多元文化的保护与传承，有助于构建和谐的多元社会。因此，弘扬民族传统体育文化，不仅在保护和传承传统运动项目方面起到重要作用，也在维护我国的非物质文化遗产、促进文化多样性等方面发挥着重要作用。

三、弘扬民族传统体育文化在国际中的现实意义

（一）有效提高我国国际地位

弘扬传统体育文化可以促进中国文化的传承和发展，并提高中国在国际舞台上的影响力。弘扬传统体育文化就是要发扬和传承中国有价值的文化。通过弘扬这些文化，可以提高中国在世界的声望，并让中国传统体育在国际上变得更重要。国际体育赛事中起源于中华民族传统体育文化的运动项目相对较少。尽管跆拳道、柔道等运动项目与我国武术具有渊源，但它们是其他国及民族独特的体育文化。足球起源于中国古代的蹴鞠，这是一种类似于现代足球的体育运动。然而，近现代足球的蓬勃发展和全球普及却主要源于英国。这种"起源于我国的运动项目却被其他国家传播与发展"的现象无疑对提升中国传统体育在国际舞台上的地位带来了挑战。要解决这个问题，需要针对中国传统体育项目进行运动创新和发展以及修复。通过运动创新，可以为其注入更多的元素和活力，提高传统体育项目的吸引力和竞争力。同时，修复流失的传统体育项目也非常重要，可以挖掘其潜在的价值和吸引更多人的关注。通过这些努力，可以提高中国传统体育在国际体育界的地位，并增强中国在国际舞台上的影响力，让世界更多地了解和欣赏中国传统体育文化，进一步提升中国体育在国际中的地位。

（二）有效完善文化输出工作

传统体育文化是我国极为珍贵的财富，涵盖多样化的运动项目以及深厚的历史底蕴。这些传统活动具备良好的传播价值，适宜向全球推广，使更多人领略我国特色文化之风采。当人们参与并体验我国传统体育项目与文化时，他们能够直观地领略到古代中国的生活方式及精神。这种身临其境的感受有助于激发他们对中国传统体育文化的热情，进而促进文化交流，让外国友人充分感受中国传统运动的魅力。文化输出的方式能有效传达我国民族精神及人文内核，提升传统体育文化的影响力，增进外国人对我国文化的理解。同时，这也有助于提高我国传统体育在国际体育舞台上的地位，让全球体育界深入认识我国丰富的体育文化价值，为国家赢得尊重与荣誉。因此，我们应积极推广和展示我国传统体育文化，使其在国际范围内获得更广泛的认可与喜爱。这将有利于提升我国的国际地位，并促进与其他国家的友好往来。

(三)促进我国体育教育国际化

通过传播充满本土特色的体育文化,有助于推动我国体育教育在国际舞台上的崛起,提升体育课程教学质量与水平。保持与国际化标准一致的教育水平,无论是文化课程还是体育课程,皆具有重大意义。此举可确保教学质量始终保持高水平。诸多西方国家都将独具本土文化特色的体育项目融入现代化体育教学中,为学生提供了丰富且有益的体育教育体验。这种方法既保证了体育教学的高质量,又有效地传承了国家的丰富文化和精神。结合实际,我国应与西方国家携手,探讨如何将传统体育文化与现代体育教育有机结合,寻求适合我国体育教育的教学方式。这将有助于保障我国在文化、体育和教育领域的前沿地位,完善相关管理模式,同时有望改善体育教学和管理方法。在推动我国体育教育国际化进程中,民族传统体育文化发挥着举足轻重的作用。

第四节 民族传统体育文化的特点和价值

一、民族传统体育文化的特征

我国传统文化的诸多理论都强调人应该具备的整体性、中庸性、道德性等特征。因此,由人创造的民族传统体育的文化自然也受到这些理论的影响,具备了这些特性。这就说明了以我国为主的东方体育与西方体育在文化个性上存在不同,具体为东方体育的个性主要体现出较强的等级性、道德性和礼仪性。

(一)以天人合一思想为前提

我国传统的体育文化是我国传统文化的重要组成部分,也是整个中国文化的一部分。我国传统体育文化包含了许多少数民族的传统体育文化,这些传统体育文化的传承和发展有助于丰富和完善我国传统体育文化。我国少数民族传统体育文化与汉民族的传统体育文化一样,在其发生、传承、变革、发展的过程中,都无法离开中国文化这条根。中国文化是一个综合性文化体系,汇集了儒学等多种思想流派和不同民族历史文化元素。两汉时期以来,儒学思想一直贯穿于中国传统文化中。儒学强调道德伦理、家庭伦理、社会秩序和政治治理等方面的价值观念，对社会乃至个人的行为和发展有着深远影响。儒学的核心思想包括仁、义、礼、智、信等，强调人与人之间以及人与社会的和谐发展。中国传统文化之所以能够传承到现在，并成为世界古代四大文明中唯一从未间断的优秀文化，是因为其内在具备儒、道、释（佛）三家思想的相互交融和相互补充的良好结构和模式。道家思想关注自然和关注个人内心的自由与逍遥，佛教强调人生苦难的本质和解脱之道。这些思想与儒学互为补充，共同构成了中国传统文化的丰富内涵。正是这种儒、道、释三家思想的相互交融和补充，中国传统文化得以在历史长河中不断发展和完善，也创造了文化史上的奇迹。这种多元一体的文化模式，为中国社会提供了丰富的价值观念和行为准则，对社会和个体的发展起到了重要作用。

中华民族传统体育哲学基础是"天人合一"的自然哲学。"推天道以明人事"是中国人特有的思维方式。天人关系是中国传统文化的一个基本命题，中国哲人从天人关系问题的深思中，领悟人生的意义及找寻理想的生存模式。天是人确立自我、认识自身价值和使命、构建人生理想的参照。

在民族体育文化传承的领域中，"天人合一"强调的是人类与自然的紧密联系，因此所有人类都必须与自然和谐相处，顺应自然规律，这样才能保证生存和发展的长久。民族传统体育文化的突出特点就是重精神、轻物质；重过程、轻结果。在民族传统体育实践中，重练内、轻练外；重神、轻形。在民族传统体育练习步骤上重整合、轻分解。长期的实践让人们深刻认识到，体育不仅仅是人类之间的竞争，同时也与宇宙自然息息相关。因此，在传统民族体育实践中，必须与自然界保持协调。

中国文化的这种内在的意识和精髓，在长期的历史进程中逐渐被各少数民族所接受和吸纳，并成了相当稳定的本民族的文化内核。因此，从中国各少数民族传统体育文化的外在表现形式上，我们不难看出中国传统文化留下的印记。

我国大多数少数民族传统体育文化的核心思想，都强调了其在增强意志力、促进身体健康、陶冶情操等方面的作用。观察少数民族传统体育运动，不难发现其通常呈现出一种优美的身体运动形式，比如舞蹈等，而不太强调直接身体接触的对抗性竞技，比如赛马、射弩、秋千等项目。这与中国文化所强调的伦理道德、均衡中庸、和谐至高等自我修养的锤炼理念相通。

（二）注重伦理教化

由于受到中国儒家传统文化的影响，民族传统体育赋予功能主要集中在体育的政治、经济等方面的功能，民族传统体育表现出重视伦理教化的特征。儒家先哲把道德需要作为人的最高需要，把道德价值作为最大的价值。

传统的民族体育活动以道德理念为基础，强调"寓教于体、寓教于乐"的原则。在这种竞赛中，取得比赛成绩并不是首要的任务，而是通过竞争来提升道德水平和品德修养。因此，比赛并不鼓励追求胜利，而是注重通过竞争获得成长。于是，民族传统体育成为"成德成圣，完成圆善"的一种手段。

例如，儒家先贤所奉行的射礼，弓箭手必须内心坚定、身体笔直，才能够稳固地握住弓箭，之后才能够准确地射中目标。唐代木射运动成功的标准是"仁、义、礼、智、信、温、良、恭、俭、让"，这体现了通过道德教育来塑造人们的行为习惯的理念。韩愈议论马球运动时也曾指出"苟非德义，则必有祸"，其价值观念也很明显。司马光在《投壶新格》中的论述更为典型："投壶者不使之过，亦不使之不及，所以为中也；不使之偏颇流散，所以为正也；中正，道之根抵也。"元明期间的《蹴鞠图谱》是一部研究儒家思想与蹴鞠运动之间关系的著作，主要聚焦于探讨"仁、义、礼、智、信"等观念如何在蹴鞠比赛中得以体现。书中推崇，踢足球应以"仁慈和公正"为中心。通过以"礼、仁、义"等为准则，对民族传统体育进行规范和评估，突显了其偏重道德教育的特色。

（三）整体性与和谐性融合

中国的传统体育重视综合考虑人体运动的各个方面，如身体形态、功能、意念和精神状态，以及这些方面与外部环境的关系。所谓"手眼身法步，精神气力功""形神俱练，内外兼修""采天地之气，铸金刚之身"，通过锻炼动作和意识，领悟"与天地神相交通"的意境，进一步达到"天乃道，道乃久，没身不殆"的境界，从而获得身心健康和平衡，反映了自然、身体、心灵的协同发展。

中国传统体育项目气功和太极拳都是通过意念的引导，强调"以意会神，以意调气，以气促形，以行会神"。通过利用身体内部信息传递和能量流动来保持有序的活动和适应外部的时空环境。在训练中，采用基础技能练习和全面技巧实践结合的方法，体现了中国文化追求平衡和自然流畅的本质。

民族传统体育文化的传承与发展

传统体育文化是我国丰富多样的民族文化的重要组成部分，它强调的是人们通过体育活动抒发和展现愉悦情感，以达到心灵释放和身心健康的目的。这些传统体育活动常常在民众日常生活中展开，这些活动都有其特定的规则和形式，旨在带给人们快乐和愉悦。此外，少数民族传统体育文化强调娱乐性。在少数民族地区，受地理环境和民族文化的影响，民众更倾向于通过体育活动来娱乐自己。这些活动可以是传统的民族舞蹈、歌唱比赛，也可以是各种球类、竞技和马术等民族特色的体育活动。这个特点使得少数民族传统体育文化具备了独特的魅力。

虽然少数民族传统体育文化具备了强身健体的作用，但在实践中这种作用并不被人们所认识，也不是人们开展和进行本民族传统体育文化实践的目的所在。因此，各少数民族所进行的许多传统体育文化实践仍然只能作为体育文化现象，而不是体育运动。关于这一点，我们在前面的体育概念中已作了阐述。

（四）与民俗、民风密切联系

随着各个民族的发展，民族传统体育活动与当地的民俗、民风、生活习惯密不可分，并与人们的日常生活相互渗透。

人们通过传统体育活动，可以获得快乐的体验，感受精神的愉悦，营造和谐的生存氛围，逐渐对传统体育产生了一种更加深层次的文化追求，即对"快乐、和平、安逸"的生活的追求。

地域条件对于民族传统体育文化的形成和发展起着重要的作用。每个地域都有其独特的地理环境、气候条件和生活方式，这些因素塑造了每个民族的传统体育文化的内容和形式。地理环境和生活条件的不同使得各地少数民族对于体育活动有不同需求和特色的体育文化表达方式。这些传统体育项目通常是基于当地的生产技能和生活方式的运动，如竞渡、冰嬉、赛驼、竞走、射弩等。在江南地区，水运交通便利，竞渡成为一种重要的传统体育活动。北方地区冰天雪地，冰嬉就成为人们冬季娱乐的方式。大漠地区的赛驼体现了人们对沙漠环境的适应能力。山地地区特有的竞走项目展示了人们在陡峭山路中的体力与耐力。丛林地区的射弩则反映了人们对丛林生存和狩猎的需求。

由于地理环境和生活方式的差异，在多数情况下，少数民族居住地仍然保持着"大杂居、小聚居"的局面，不同少数民族相对集中地分布在某一地区，这里便形成了地域特征鲜明的传统体育文化。这种地域特征和文化差异使得我国的少数民族传统体育文化形式多样且丰富。我国各少数民族的传统体育文化的形成和发展是一个漫长的历史过程,它既反映了各少数民族对地理环境和生产生活方式的适应,也体现了这些民族群体的文化认同和社会关系。

我国的少数民族有许多以强身健体为目的的表演性、娱乐性的体育项目。以苗族的划龙舟活动为例,比赛时会有鼓手、锣手和水手等专业人员参与。他们穿着特色鲜明的服装,各司其职。在黎族的传统节日中,人们也会盛装出席,点燃篝火,跳起竹竿舞。活动过程中,八人持竹竿配合音乐和锣鼓的节奏进行拍打,四到八人则在竹竿的空隙中来回穿梭,场面热闹非凡。

这些民族传统体育活动既体现了民族文化的独特魅力,又让人们在娱乐中保持了身心健康。它们不仅丰富了少数民族的生活,也成了吸引游客和外来人士了解和体验当地文化的重要方式。

(五)严苛的等级关系

《易传》认为自然界及人类社会均遵循一种自然演进的规律。在人与人之间的关系中,如父子、长幼、贵贱、君臣、夫妇、上下、尊卑等,通过礼义的区分和规范,达到各有差异、长幼有序、上下有别的状态。礼制在社会秩序中发挥着至关重要的作用。例如,西周的射礼,不仅分为乡射、燕射、宾射、大射等不同类型,同时对同一阶层但不同等级的人,射礼中使用的伴奏乐曲、箭靶、弓箭以及司职人员等都有严格的区别与规定。这种细致的礼制对于确立各个等级之间的秩序和差异起到了重要作用。

《宋史·礼志》上规定了打马球的各种仪式,有皇帝参加的比赛,第一球一定要让皇帝打进,即《宫词一百首》中提到的"对御难争第一筹"。女子在封建社会地位极为低下,参加体育活动受到多方限制。中国的传统武术没有具体的动作规定和比赛规则,交手过招中强调礼让在先,点到为止,不战而胜;体育行为恪守"中正平和,敦厚温雅"的理念,以至于在最具竞技实质的武术搏击中,也要"立身中正,随身就屈""动急则急应,动缓则缓随"。

(六)崇尚养生理念

中国人的传统理念中非常看重温和的性情,讲究性情自然,这种自然是内在的，更应属于自我感知的范畴，而不是一种向外的宣扬与展现。"知其心者，知其性也，知其性则知人。"因此，当这种理念匹配上民族传统体育后，就出现了人们参与传统体育在于养生而非竞技的态度。这种态度当然可以体现我国儒家的"和"的思想，不过体育运动就是体育运动，过分看淡竞技的属性，过分在体育运动中秉承"中庸之道"，会使我们的祖先的抗争精神在传承于后世的过程中越来越匮乏。

在我国的少数民族传统体育文化中，许多项目将竞技、舞蹈和音乐等元素融为一体，形成一种独特的艺术表演形式。这些项目将竞技与舞蹈、音乐相结合，在表演过程中展示了民族的情感、精神、风格和理念，使参与者和观众都能在艺术上得到享受。这些项目既具有艺术欣赏的价值，又具备娱乐和健身的功能，同时具有各自民族的特色。在少数民族传统体育运动会的表演类项目中，这种文体合一的项目占有较大比例。这些少数民族传统体育文化富有魅力和活力的重要原因之一是其独特的运动形态不仅展现了少数民族的文化特点，而且融入了民族情感和审美观，使参与者和观众都能产生精神上的愉悦。这种安于现状、缺乏竞争、守柔不争等特点，都在不同程度上抑制了竞争精神，使得竞争难以成为民族精神的主流，民族传统体育的竞争性难以发展。这点与西方主流竞技项目的理念完全不同，进而使得民族传统体育项目在今天发展缓慢，甚至表现出裹足不前的状态，这与其淡看竞争的思想有莫大关联。

民族传统体育无论是过去的产生，还是现在的发展，都与特定的文化环境紧密相连。它不仅仅受到传统文化的深远影响，而且不断地汲取地区文化的特性，使自身也具备了与文化环境相一致的文化属性。

二、民族传统体育文化的价值

（一）民族传统体育文化的教育价值

在原始社会中，体育就已作为人类教育的重要组成部分之一。在遥远的过去，人类正处于幼年时期，教育和体育尚未形成明确的分野，它们相互交织在一起。在文字和语言尚未完全发展之前，人类主要通过身体动作来传授生产和生活技能，这成了教育的主要手段。

纵观人类演进的过程，同为人类社会有目的地培养人的活动，体育与教育对人类的进化与发展起着积极的作用，虽然在历史上的某个时期侧重点不同，有时偏重体育，把它作为强国强民、优生优育、抵御外侵、征服自然的必要手段与途径；有时更侧重于教育而忽视体育，认为人的聪慧来自教育而非体育；有时两者却是难舍难分融为一体，是全面发展的必然结合。但是无论两者如何发展，体育与教育都是人类意识活动的载体，是人类有目的，有计划发展、完善自身的活动。同时，在人类实践中产生的体育与教育，通过人类对其的认识与挖掘，凭借自身的功能与价值，又为人类发展提供了认识的工具。

一方面，人类社会劳动中的实践把人类抵御猛兽的本能转化为狩猎的能力，把自身生产的基本活动能力转化为相互竞争拥有实力的能力，人类这些对身体活动的需要促使了体育的形成与发展；另一方面，人类对精神文化、道德规范、伦理信仰等的追求同样也促使了教育的形成与完善。因此，体育与教育是人类社会有目的地培养人的活动。

早期的人类抽象思维的能力还很低，人类还没有能力将具有某些相同作用的事物或相似的事物（如体育与教育）区分开来，体育与教育混为一体成为一种必然现象。人类文字、语言、符号等发展的局限性，迫使人类只能通过身体行为来表达感受与需求，以此实现与他人的交流与沟通，完成共同合作，以求得生存，因此，体育成为重要的教育内容。

在我国许多少数民族的体育活动中，一些运动技能本身就是生产、生活技能的体现。例如，藏族的射箭、彝族的飞石索、苗族的爬花杆、蒙古族的赛跑、怒族的过溜索等都是与生产、生活息息相关的技能。人们在进行这些体育活动时，实际上也在模拟和练习他们在日常生活中所需的技能。这种传统的技能传承不仅可以保持和传承民族文化，也有助于培养年轻一代的实用技能和生活能力。

此外，许多少数民族通过体育活动来进行社会生产和生活技能的传授。例如，佤族的狩猎舞、拉祜族的芦笙舞、哈尼族的栽秧鼓舞、彝族的纺棉舞等也是通过表演来传承和教授相关的生产技能。这种教育方式不仅使年轻一代学会实际的生产技能，还帮助他们更好地理解和尊重民族传统文化。同时，一些少数民族还利用传统体育活动中蕴含的思想教育因素，对下一代进行社会道德规范教育。通过参与体育活动，年轻人能够养成正直、勇敢、坚韧等良好的品质和民族心理品质。

通过在民族地区的中小学校中引入一些本地区的传统民族体育活动，不仅可以培养更多的后继者，还可以传承和扩大民族体育文化。通过这项措施，可有效缓解民族地区学校因缺乏体育场地和器材而面临的困境，同时还能拓宽体育教学的范围，强化学生的身体素质和意志品质。

（二）民族传统体育文化的娱乐价值

传统体育文化具有娱乐价值，不仅能够自我娱乐，还能够为他人提供乐趣。参加和观赏民族传统体育活动，不仅能够带来身体和心理的愉悦，还能够调节情绪和提高审美水平，让人们在运动中体验快乐。随着人们生活水平的提高和空闲时间增多，越来越多的人将体育运动视为重要的休闲娱乐方式。除了重视竞技性之外，民族传统体育活动也需要注重提升娱乐性和美学价值，如此才能被国内外人们普遍接受。只有我们注意提高我国民族体育中的娱乐审美价值和文化品位，这些活动才能获得各族人民广泛的认同和喜爱。

娱乐性体育活动自诞生之初，便具备了现代体育运动所具有的心理和行为特征。这是基于人们在兴奋状态下倾向于借助情绪的力量来释放内心的激情或进行身体运动的现实。这种行为的目的通常是为了娱乐或消遣，从而达到身心放松的效果。

少数民族生活中的娱乐性体育活动有如下显著的特点。第一，整个活动过程重在表现激情，而不强求体育动作的准确性或实用性。第二，娱乐性体育活动不含显著的功利性目的。第三，娱乐性体育动作在模仿中富有诸多的创造性元素。武术是各个民族都有的传统项目。武术的起源受多方面因素的影响，有源于战争的，有源于农事与狩猎生产的，有源于模仿动物形态的，也有出自祭祀典仪的。但是，当这些来源不同的武术动作在各个民族的文化发展中融为一体时，我们从各个套路中看到的武术形态就较多地有了娱乐的属性。人们多在节庆时间举办武术活动，以增添节日的欢乐气氛，这时的武术动作较多地模仿动物动作，较多地以夸张性手法将动作做得形态各异，以达到娱乐的效果。

（三）民族传统体育文化的审美价值

人类和大自然是紧密相连的。人类从一开始就是自然的一部分，无法完全控制自然。中华民族通过与大自然的交流和从大自然中获得的启发，创造了体育文化，证明了只有与自然和谐相处的文化才是最有活力和美感的。

在早期的人类社会中，人类和自然是一体的。人类的本质中既有社会的一面，也有自然的一面。然而，与现代社会不同，早期社会中的人更倾向于以满足自然需求为主导，而社会需求则是为了满足自然需求而存在的。

早期人类的活动主要是围绕着吃、喝、住和繁衍后代等自然需求展开的。起初，人类的行为类似于动物的本能行为，认识也受到有限的视野和动物心理的影响。然而，随着时间的推移，人类的行为越来越有目的性，意识到自然的特点和规律，并逐渐学会调整行动方式和方法，这就是所谓的自由。人类开始与自然互动，而不是与之对立，将自己视为自然的一部分，与之相互合作。人们开始相信万物有灵，认为自然中的一切都拥有灵魂和生命，这使得原本单调的自然变得多彩多姿。总而言之，就是人类和自然之间的相互影响和人类对自然的理解逐渐加深。人类逐渐认识和改造自然，将其纳入自己的文化创造和审美体验中。

西双版纳基诺族人民生活在原始森林深处的高山密林中，这种环境使他们面临野兽的威胁，从而锻炼了他们的意志和身体素质。在基诺族社会中，孩子从小就接受训练，培养了团结向上的品质和矫健的身手。这种训练旨在使他们适应复杂的自然环境，并为将来面对挑战做好准备。通过早期训练，基诺族孩子养成了坚毅、勇敢和适应能力强的特质。另外，集体歌舞在基诺族文化中具有重要的地位。盛大的集体歌舞不仅是表达文化传统和民族团结精神的形式，更是培养全民族良好体能素质的途径。基诺族舞蹈的本质特征就是通过歌舞活动将全民族凝聚在一起，强调团结和合作精神，并同时提高了人们的体能素质。基诺族的生活方式和文化特点展示了他们对自然环境的适应能力和团结奋斗的精神。他们通过勇敢面对挑战和良好的团结合作的品质，实现了在艰苦环境中的生存和发展。

山地文化以坚韧、博大和沉稳为主要特征，表现出强硬、勇猛和质朴的特质。山地人民在对待朋友时真诚朴实，在困难面前展现出坚如磐石的意志。他们通常对待关系真挚，对友情珍视，以真诚和信任为基础建立起长久的友谊。山地人民的胸怀宽广，类似于群山般广袤壮观。这种胸怀宽广的特点使山地人民在面对挫折和困难时不轻易退缩，而是坚定勇敢地寻求解决问题的方法。山地文化的剽悍之美集合了强硬、勇猛和质朴的特质。山地人民在艰苦的生活环境中培养了坚毅的品质，他们具有不畏艰辛、顽强拼搏的精神，以及朴素、真实的生活态度。

民族体育文化作为一种丰富多彩、别具风格的文化形式，正是在与自然的和谐统一中诞生和发展的。这种文化不仅是人们对身体活动和竞技的热爱的体现，更是人们对人与自然关系最本质、最深层的认识的集结。云南的民族体育文化正是在风吹雨打、历史变迁的过程中发展壮大的。它承载着云南各族人民对自然的崇敬和敬畏之情，以及对生命力和活力的追求。通过各种形式的传统体育活动和竞技活动，人们与自然互动，体验自然的力量，同时也发展出独特的审美观和文化内涵。云南的民族体育文化生机勃勃和美丽迷人，正是因为它融汇了人与自然的和谐关系。它不仅体现了云南各族人民对自然环境的适应，更展示了他们对自然力量的认知和理解。这种文化的持久魅力正是因为它以自然为基础，并不断与时俱进，不断创新和演变。

（四）民族传统体育文化的精神价值

文化现象是人类认识自然、社会和人类自身的产物。体育文化也不例外，人类利用体育文化来认识自己、解释自己、表达自己，并试图影响和改造自然和社会。在历史长河中，宗教信仰在少数民族文化中占据着举足轻重的地位。而早期的体育活动，也不可或缺，特别是在各民族的宗教领域中，它承担着祈神和驱鬼的重要使命。体育活动在少数民族社会中，具有多重功能，如竞技获食、表达欲望、健体强身和娱乐审美等。然而，随着宗教信仰的兴盛，体育活动的功能逐渐发生了变化，逐渐成为宗教仪式中的关键部分。它的发展逐渐从多方向转向以祈神为中心、以悦神为目的的单一路径。

在以宗教信仰为核心的文化环境中，体育活动发挥着独特的作用，其核心目标在于满足神灵的需求，并与神灵进行沟通。体育行为以神灵为主导，通过多种形式展示出来，目的是让神灵感到愉悦。人们希望神灵的强大力量能够降临人间，帮助人们战胜邪恶和苦难。体育文化在少数民族社会中，作为宗教信仰的重要组成部分，其核心目的在于与神灵进行沟通并取悦神灵。这不仅体现了少数民族对神灵的崇敬和敬畏之情，同时也展现了他们对宗教信仰的虔诚。

综上所述，体育文化在少数民族的传统生活中，又是一种独具特色的文化形态，与其他绚丽多姿的民族文化样式相比，它的再现形式又是十分奇特的：它以人类自身的体型变化为对象，以行为表现者自身和观看者之间的双重心身愉悦为目的，来获取以族人生存为核心的社会功效。在它的行为含义及内在构成中，既有务实的祈求，又有玄虚的幻景。可以说，没有哪一项具体的文化行为模式能像体育活动那样风格奇异。

（五）民族传统体育文化的凝聚价值

民族体育活动具有民族文化的特色，通过展示民族元素和价值观，加强民族凝聚力，产生共鸣效应。它是一种群众性的社交活动，也是一种综合性的民族文化表达方式。

民族体育活动的发展在民族社会学的视角下，被认为是一种社会群体性的集会方式，为人们提供了进行人际交往的场所。通过特殊的娱乐、健身和竞技形式，民族体育活动吸引着人们参与和观赏，使得人们在特定的节日和社会氛围中聚集在一起。参与民族体育活动的人们来自各个不同地区的村落，这使得他们有机会跨越地理隔阂和社会文化差异，进行交流和互动。这种跨越促进了族内外的人际交流，有助于消除因地理环境封闭和文化差异而产生的隔阂。民族体育活动为各族群众提供了一个良好的机会，使他们能够进行感情交流和文化交流。通过这种交流，人们能够加深对不同文化的了解和尊重，促进民族关系的改善。此外，民族体育活动也为民族地区的经济和文化事业的共同发展提供了契机。

在人类社会中，群集是一种根深蒂固的本能。无论是古代还是现代，人们都渴望与他人相聚，通过群集来满足社交需求、传递信息、分享思想，并依靠集体力量发展。

古代社会由于生产力水平和生存环境的限制，个人很难单独生存。为了求得生存和发展，每个民族或部落都必须依靠整体实力。因此，"团结"在原始社会中不仅是一种价值观，更是一个民族兴盛的必备条件。古人在特定时刻会聚集在一起祝贺丰收、庆祝节日，并通过体育活动加强民族成员之间的交流。这些节日体育活动既有娱乐性，又具有竞技性，民族特色也非常鲜明。它们不仅增强了民族的凝聚力，而且强化了民族的文化特征，唤起了人们的民族归属感和认同感。

尤其是对于生活在偏远山区和边疆地带的少数民族而言，由于交通阻塞和环境封闭，不同寨子和村庄之间的交往显得格外困难。因此，在农闲时节和民族节日中举行的民族传统体育活动和歌舞集会，为民族成员提供了重要的社交机会。民族体育活动具有欢乐、竞技和彰显民族特色的特点，它不仅促进民族成员之间的情感交流和技艺传承，也加强了人们对本民族的认同感。这样的活动推动了民族的繁荣和兴旺，进一步促进了社会的稳定和发展。

在多元的社会中，民族体育活动不仅仅是一种锻炼身体的形式，它还具有深远的社交意义。在一些民族社群中，这些活动成了青年男女相互认识和交流的重要机会。通过融合健康、力量和美丽的元素，民族体育活动展示了个人的智慧、体力、体貌、气质。在这些活动中，青年男女有机会展示自己的优势，吸引彼此的目光，并逐渐培养出微妙的情感。

体育活动作为一种群众性的互动形式，为人们提供了一个遵守规则的平台，拓宽了社会交往的范围。特别是在民族传统体育活动中，不同民族的人有机会跨越地理、文化和传统的障碍，在快乐的活动中建立起感情和文化的联系。

这些体育活动不仅促进了个人之间的互动，也有助于改善民族关系和促进地区的经济发展与文化交流。民族传统节日中的体育文艺活动，不仅展示了各族人民各自的技艺和文化，还为大家提供了一个互相交流和了解的平台，增进了中华民族的凝聚力。

（六）民族传统体育文化的经济价值

民族体育活动是我国文化中的重要组成部分，不仅在社会和经济领域有独特功能，也是各族人民在传统节日中举办的重要活动。它不仅是体育锻炼方式，更是展示民族特色的文化表达。在少数民族的传统节日中，民族体育活动是亮点，展示了人民的勇敢和智慧，也为宾客提供了体验不同文化的机会。

随着社会主义市场经济的发展，民族体育逐渐成了推动社会发展和经济繁荣的重要力量。在传统节日的庆典中，举办体育活动不仅为民族地区的商业发展提供了平台，也为各民族人民的交流与合作创造了良好的环境。这样的活动不仅促进了经济的繁荣，也增进了各族人民之间的互动与了解。

例如，位于祖国西南门户的腾冲、瑞丽等地是重要的国家级口岸。这些地方多民族共居，与邻近东南亚国家民族有相近族源，文化习俗有许多共同之处。每年傣历新年，人们会举行中缅胞波体育狂欢节；彝族的火把节是民族盛会，有摔跤比赛、民族歌舞表演等精彩活动，吸引了大量观众。同时，大型经贸活动激发商业兴趣和互动，推动民族经济发展；傣族人民会举办泼水活动和赛龙舟活动，与宾客和同胞共同泼水祝福，观赏壮观的民族体育文化活动。

我国已普遍采用民族体育竞赛活动推动地区经济发展。少林武术源于河南郑州，国际少林武术节在郑州举办，每年吸引大量关注。武术节上的经贸活动能带来数十亿成交额。山东潍坊每年举办国际风筝比赛，展现本地文化特色，吸引众多风筝爱好者。同时，举行大规模经济贸易活动，交易金额逐年增加。

在云南、北京和西藏（北京为主会场，西藏为分会场）、宁夏、广东举办的第五届、第六届、第七届、第八届全国少数民族传统体育运动会的规模越来越大，其对经济与社会发展的效益也越来越显著。目前，全国少数民族传统体育运动会已成为少数民族举办地区促进基础设施建设、促进民族地区经济社会发展的重要契机。这一切充分显示了民族体育活动在现代社会经济发展中的桥梁作用。

（七）民族传统体育文化的竞技价值

在体育文化领域，竞技精神作为一种卓越的品质，包含了战胜对手和自我提升的要素。其核心思想是持续追求"更高、更快、更强"的目标，这是体育运动的灵魂。体育比赛所展现的竞技性和娱乐性，源于比赛双方激烈的竞争与对抗，使得全球各地的人们都能理解并接纳体育比赛。它恰如一种国际语言，易于为各种宗教信仰、意识形态、文化传统、社会制度、地理环境所接受。由此可见，现代竞技体育已成为展示国家实力、民族智慧的重要国际舞台，其发展水平也是衡量民族健康状况和国家强盛程度的重要标准之一。

我国部分民族传统体育活动，其竞技性不容小觑。这些运动形式与现代竞技体育项目颇为相似，现代竞技体育项目无论是特点还是所需的体能素质，都与射箭、赛马、摔跤等项目如出一辙。若能对这些民族传统体育项目进行更为细致的优化，并为其提供更为系统的指导与培训，必能在国家体育事业中，发掘出大量杰出的少数民族体育人才。著名的回族运动员穆祥雄3次打破100米蛙泳的世界纪录；满族射击运动员金东翔在重大的国际比赛中赢得13枚金牌；回族运动员马艳红在第23届奥运会上获得体操高低杠项目的金牌；著名的壮族运动员，"体操王子"李宁在第23届奥运会上共夺3枚金牌；朝鲜族运动员李京龙和李英子都打破过射击项目的世界纪录；壮族羽毛球运动员吴文凯、黄华荣都获得过世界冠军；苗族姑娘龙玉玲打破过女子52公斤级举重世界纪录。他们为国家的竞技体育事业的发展贡献了力量，在攀登世界体育高峰的征程中取得了令人瞩目的成绩。

在我国的体育事业发展历程中，少数民族运动员和体育健儿发挥了不可或缺的作用。他们凭借自身的努力和才华，经过多年的训练和磨砺，为我国体育事业赢得了荣誉。为了更好地推动我国体育事业的进步，我们需要深入了解少数民族传统体育活动的特点，将传统体育活动与现代运动有机结合起来，发挥其在遗传、自然和社会方面的优势。只有这样，我们才能更好地推动中国体育事业的持续发展。

第五节 民族传统体育文化生态现状和困境

一、民族传统体育文化生态的概念

民族传统体育文化是民族文化的一种，对民族文化生态有了一定的了解之后，实现对民族传统体育文化生态的理解就不难了。民族传统体育文化生态是一种比民族文化生态系统更加细致的文化生态，是一种较小范畴的文化生态。

关于民族传统体育文化生态的概念界定，有学者认为，它是指"特定的民族在创造和发展体育文化过程中与天然环境及人造环境的相互调适，在特定时代形成的具有特征性的体育文化结构"。

为了更进一步地认识民族传统体育文化生态，可以从以下几个方面来理解。

①民族传统体育文化生态是各民族在一定历史时期内创造的。

②民族传统体育文化生态是各民族在一定地理范围内创造的。

③民族传统体育文化生态与本民族的其他文化生态之间具有非常密切的关系。

④民族传统体育文化生态是一个具有生态适应性的文化方式和状态。

⑤民族传统体育文化生态是一个动态平衡的系统，其发展就是自身打破原有系统、形成新的系统的过程。

⑥民族传统体育文化生态主要研究生态文明事业下的自身生态危机和可持续发展问题。

二、民族传统体育文化生态研究现状

1980年，美国学者马丁·哈里斯发表了一本书名为《文化唯物主义》的著作，

他认为"基础结构、结构和上层建筑构成社会文化体系，这一体系中任何一个组成部分的变化，通常都会导致其他组成部分的变化"[1]。

如今，文化生态学的发展在其内部，形成了两个学派：生态系统生态学派和民族生态学派。生态系统生态学派认为环境与其内的生物群落之间是在不断地进行着能量、信息、物质等的循环和流动的，从而构成了一个功能单位——生态系统。无疑这是来源于生态学中的生态系统生态学的原理和研究方法。主要目的是研究人作为一个普通的捕食者，在生态系统中的作用及地位。民族生态学派作为认知人类学的一个亚领域，主要研究原住民对其周围生活环境的感知与理解。它的理论来源涉及认知科学、生态学、人类学等多个学科领域，旨在深入探讨不同文化群体如何与环境进行互动，并如何利用和管理环境资源，即从"主位"的视角研究原住民的生态知识。

据此，我们关于中华民族传统体育文化生态研究的文献综述，就以文化生态学的两个学派——生态系统生态学派和民族生态学派的研究成果为纲，进行论述。

（一）生态系统生态学派的民族传统体育文化生态发展现状

1. 关于体育文化生态系统的现状

体育文化生态系统是由体育文化和体育环境相互交融构成的有机整体。体育文化生态系统是由相互之间存在着生态关系的多个要素组成的。此外，龚建林认为，体育文化生态系统具有层次性、有序性、主体性、整体性、相关性等特性。[2] 他的观点是，体育文化的生态系统由两个紧密相互关联的因素组成。其中一个因素是体育文化与周围环境之间不可分割的联系。体育项目是体育文化的重要组成部分，承载和传递着文化信息，同时也是文化现象的代表性符号。此外，体育文化生态系统中各个要素之间相互关联。

体育文化生态系统可分为三种类型，分别基于不同的联系纽带。其中，第一种以地域为主要联系纽带；第二种以族群为练习纽带；第三种则基于族群和地域双重联系纽带。[3] 这种认同是基于个人对于体育所代表的文化价值观、信仰、行

---

[1] 哈里斯. 文化唯物主义 [M]. 张海洋, 王曼萍, 译. 北京: 华夏出版社, 1989.
[2] 龚建林. 体育文化生态系统的结构与特性 [J]. 体育学刊, 2011 (4): 40-44.
[3] 龚建林, 许斌. 体育文化生态系统的类型及其特征 [J]. 广州体育学院学报, 2013, 33 (5): 9-12.

为方式等方面的接受与认同，是个人与群体之间形成联系、建立关系的基础。

学者龚建林进一步认为，体育文化与体育环境2个子系统构成体育文化生态系统，在体育文化的大背景下，物质、能量和信息在体育文化生态系统中不断进行循环、流动和交换，从而确保了生态系统的稳定性和可持续性，推动其进入良性循环状态。为确保体育文化生态系统的高效运行，各要素必须保持完整且运行正常。体育文化生态系统运行机制的实现形式主要由习俗调节和竞赛制度维系。政府应充分运用体育文化生态系统理论，着力构建完善的体育文化生态系统，并使其在各区域体育事业中发挥重要的指导作用。通过科学的理论指导与实践，促进体育事业的持续健康发展。"文体搭台，经贸唱戏"是一种制度创新和制度建设，对于体育的发展有利有弊，需要全面辩证地看待。[①]

在2013年，布特与闫静共同撰写了一篇名为《体育文化生态理论：新范式引入与展望》的论文，其中对体育文化生态进行了深入细致的探讨。他们提出，将文化生态学的理论应用于体育文化研究，有助于解释社会环境与体育文化生态系统之间的不协调现象，这种方法能够全面审视体育文化发展的关键策略，进一步推动体育理论研究的进步和拓展，从而更深入地探究这一领域。此外，这也代表着当前体育理论研究新兴理论范式的发展趋势。所以，我们归其到生态系统生态学派。这篇文章比较全面地对体育文化生态的理论研究进行了叙述，认为只有一词之差的体育文化生态与体育生态，其显示的意义价值是不同的。体育生态将体育发展中生态问题进行重点思考。而体育文化生态则是把体育文化作为整个社会的子系统，考量其与自然、社会、人自身之间如何平衡协调，如何实现它们的共生、共荣、共存目标，为体育可持续发展创造环境。并认为目前体育文化生态研究的基本理论和建构都显薄弱，研究内容偏重传统体育文化生态微观的具体个案，缺乏对整体性和价值性的讨论，特别是缺少对"身体生态"的关注。

另外，学者马莉、何幸光等提出"运动文化群落"概念，我们认为这也属于体育文化生态系统学派的研究。他们认为运动文化群落"价值特征主要表现在特色性、地域性、文化性以及可持续性""构成要素为'人才群落''环境氛围''运

---

① 龚建林，许玲. 体育文化生态系统运行机制与政府角色研究[J]. 运动，2013（5）：3-4.

动文化观念'"①。学者李炎、林艺在构建西部地区文化产业发展模式中,以云南为例,认为要特别注意特殊的地理环境、气候、植被形成了云南特有的以民族为核心,以环境为表征,以生产方式、生活方式为内容的不同民族的文化生态圈。其中,吸引众多国外和国内的消费者、观光者的则是具有地域色彩、民族色彩的丰富、独特的诸如民族工艺品、饮食、服饰、体育、舞蹈。②

2. 关于区域性民族传统体育文化生态系统的现状

关于区域性民族传统体育文化生态系统的研究,研究人员就武陵山区民族传统体育文化的特点、相关因素和发展对策进行了探讨和构想。对鲁西南地区的传统武术文化生态环境进行了探讨和评估,并提出了有关鲁西南传统武术传承与发展的建议,分别涉及法律法规、财政投入和文化生态环境等方面。研究者定义了"藏彝走廊"的民间传统体育文化生态,认为它是一种特定的文化方式和文化状态。在一定的时空范围内,它具有生态适应性,由内部因素相互制约和影响。

3. 关于个案性少数民族传统体育文化生态系统的现状

关于个案性少数民族传统体育文化生态系统的研究中,研究人员对白族传统体育文化的生态系统进行了研究,认为白族体育文化生态系统包含物态、行为、制度与规则、精神等基本要素;调适与融创、坚守和传承制度文化,并在新的环境中通过创新和改造物态要素来适应。过去京族人主要依靠采集和渔捞为生,而现在则拥有了多种多样的海洋经营方式。这种转变已经对京族传统体育文化的根基产生了影响。若民间制度环境保持不变,京族传统体育文化就能够更好地保持其独特性,并且更有效地传承下去。个案性少数民族传统体育文化的生态系统是一个复杂而多元的体系,需要从多个角度进行深入研究。只有这样,才能更好地理解其本质和内涵,为保护和传承这些宝贵的文化遗产提供更有力的支持。

(二)民族生态学派的中国民族传统体育文化生态现状

1. 从体育人类学视角看民族传统体育文化生态的现状

要使民族体育事业在全球范围内具备强大竞争力,必先展示该民族鲜明的特

---

① 马莉,何幸光,贾柯."运动文化群落"概念的衍生及其发展机制的研究[J]. 广州体育学院学报,2005(2):125-128.
② 李炎,林艺. 差异性竞争:西部地区文化产业发展的模式研究[J]. 民族艺术研究,2004(5):29-34.

色与深厚的文化底蕴，同时竭力保护并传承各类文化间的多元生态。在21世纪的体育可持续发展进程中，要坚定不移地维护文化的多元与平衡，切莫抛弃本民族的传统文化。任何民族虚无主义的想法都应予以摒弃，而不能盲目追求所谓的体育文化全球化。胡小明、赵苏喆等学者认为发展传统体育应像我国古老的戏曲、民歌、工艺美术等传统文化的保护一样，有意识在某些传统项目的发源地建立一些"文化生态区"[①]。

学者白晋湘、万义、胡建文因为其依据的文化生态学理论主要是文化生态学理论创始人斯图尔德的理论，再加上这些学者是体育人类学研究者，侧重于传统体育文化，特别是对少数民族体育传统文化的研究，所以我们将其归到"民族生态学派"中来。这些学者主要是应用斯图尔德的文化生态学的理论，来研究少数民族传统体育文化的本质、变迁及其发展。如2009年的《土家族烧龙习俗的文化生态变迁与体育价值——湘西马颈坳镇的田野调查报告》认为"土家族烧龙习俗是土家人的体育传承的纽带，是尚武精神的遗存与精诚团结的象征，在社会发展中起到了非常重要的安全阀的作用。但是，20世纪80年代后，在当地政府的引导下，其逐渐由祛灾祈福向休闲娱乐的社会功能转型，体育价值逐渐呈现"[②]。还有在《少数民族地区民俗保护与全民健身体系的同构》中提到民众这个民俗与全民健身的承载者对民间文化事象的延续、创新和发展有核心作用。并且民俗与全民健身的同构应该注重整体性保护。同时政府、学校以及地方组织可以形成"三位一体"的创新体系来协调民俗与全民健身的共同发展。

2010年的《苗族鼓舞文化生态变迁的人类学研究——湘西德夯的田野调查报告》认为苗族鼓舞的文化变迁本质上就是苗族鼓舞从农业文明向工业文明转型的过程中的必然性选择。影响苗族鼓舞文化生态变迁的各种因素包括生产力、社会政治制度、地理环境。现代体育价值理念的完善、文化生态的活态保护、政府社会公共政策与教育相结合等是民俗体育保护应该注意的几个方面。[③]《侗族"舞春

---

① 胡小明，赵苏喆，倪依克，等. 论中华民族传统体育的现代化[J]. 武汉体育学院学报，2003（4）：1-4.
② 万义，白晋湘，胡建文. 土家族烧龙习俗的文化生态变迁与体育价值：湘西马颈坳镇的田野调查报告[J]. 体育学刊，2009，16（10）：94-97.
③ 万义，胡建文，白晋湘. 苗族鼓舞文化生态变迁的人类学研究：湘西德夯的田野调查报告[J]. 西安体育学院学报，2010，27（6）：695-699.

牛"文化生态的变迁——通道侗族自治县菁芜洲镇的田野调查》中认为侗族"舞春牛"作为立春时节的民俗活动，承载着侗族丰富的历史文化内涵。它不仅反映了侗族人民的宗教观念和生活方式，还体现了农耕文化和民族特性。这种亚体育文化形态的活动形式，以其独特的方式传承和弘扬了侗族文化。侗族"舞春牛"的文化生态变迁，是侗族地区社会发展和进步的历史缩影。①

2011年的《村落少数民族传统体育发展的文化生态学研究——"土家族第一村"双凤村的田野调查报告》认为实现传统体育的可持续发展，关键在于构建与社会主义市场经济相匹配的生态架构，建立健全符合现代化社会需求的生态修复机制，同时着力营造以少数民族传统体育为核心的文化生态村落，进而形成与社会文化高度发展相协调的运行环境。②

2014年的《村落族群关系变迁中传统体育社会功能的衍生研究——兰溪古寨勾蓝瑶族长鼓舞的田野调查报告》认为随着村落社会结构调整和族群关系变迁，少数民族传统体育由最初的部落识别、血缘纽带、润滑矛盾、自我认同、符号媒介等功能，衍生出适应社会发展需求的社会功能③。

2. 从民族传统体育学视角看民族传统体育文化生态的现状

有学者从民族传统体育学的角度分析了西部地区传统体育文化的发展，提出"深生态学"的思想，强调将文化生态放在发展战略的重要位置，关注将传统体育文化与自然环境紧密结合。

还有学者认为经济全球化进程中的民族传统体育在当代社会仍符合社会需求：当代文化发展需要民族传统体育文化的多元生态价值。少数民族传统体育作为民族文化的有机组成部分和现代体育文化的重要资源，有其特殊的功能。民族传统体育文化生态资源可以带来许多社会和经济优势。中华武术是源自中华文明的传统文化，它蕴含着丰富的历史记忆和文化基因，并与民间常识和社会生活息息相关。它所代表的尚武精神是中国人在漫漫人生路上不断前行的不竭动力。

---

① 万义. 侗族"舞春牛"文化生态的变迁：通道侗族自治县菁芜洲镇的田野调查 [J]. 体育学刊，2010，17（12）：92-95.
② 万义. 村落少数民族传统体育发展的文化生态学研究："土家族第一村"双凤村的田野调查报告 [J]. 体育科学，2011，31（9）：41-50.
③ 万义，王健，龙佩林，等. 村落族群关系变迁中传统体育社会功能的衍生研究：兰溪古寨勾蓝瑶族长鼓舞的田野调查报告 [J]. 北京体育大学学报，2014，37（3）：33-40.

2009年李吉远，谢亚雷认为"对传统武术的传承与保护具体有三条措施"[①]。有学者指出，文化生态圈的形成，离不开民间体育和精英文化的深度融合与相互促进。这两种非主流文化的和谐共生，形成了一个稳定且富有生机的生态系统。若在推动武术文化发展的过程中，过度侧重于武术竞技的成果，而忽视了民间体育的普及与提升；过于关注主要流派的武术，而轻视地方和小门派的武术，便会导致文化生态的失衡。这不仅会损害文化生态的多样性，更会使大量有效的文化资源逐渐失去其独特性，走向同质化道路。还有学者提出，传统武术这样的非物质文化遗产具有自然而然的传承方式，但目前面临传承和发展的难题，这是一种矛盾的状态。这个悖论的源头在于对"原生态"的理解上。在传统武术这样的非物质文化遗产中，为了保持其传承的纯正性，需要经过一系列改革和发展，最终使得"原始状态"文化再现。这个文化可以被称为"次生文化"。在保护和传承非物质文化遗产的同时，应当兼顾其的利用和推广。

民族传统体育文化生存境遇与多元价值冲突的重要原因是工业社会对民族传统体育文化生态的"阉割化"——人们往往在极力追求物质财富的丰裕的同时，使得大自然与人和谐相处的关系被打破，导致生态平衡失控，传统文化资源被肆意利用而枯竭，民族传统体育文化也遭到阉割而失去文化活力。饶远，张玉文认为各国民族体育生存发展的自然、社会、习俗等特有的文化生态环境的探寻与研究，完全可以利用文化人类学、体育人类学、民族人类学的理论与方法，这样能更全面、更科学、更客观地探索民族民间体育发展、保护、弘扬、传播的文化要素、动因机制与有效途径，推进人类体育文化在经济全球化进程中的多样性发展道路[②]。熊山鹰认为民族体育的发展在经济全球化和城市化的过程中，面对西方体育的强势文化渗透，呈现"文化冲突""文化失语""文化质差"的文化图景。面对这种文化图景，我国民族体育在文化多样性的应然格局、文化伦理、行走路径之间寻求相互尊重、平等对话、交互融合，形成了一种"负责、协力、多元"的文化格局[③]。

---

① 李吉远，谢业雷."文化生态"视阈下传统武术的传承与保护[J].西安体育学院学报，2009，26（2）：190-193.
② 饶远，张玉文.从人类学视角看民族传统体育文化[J].学术探索，2009（3）：62-65.
③ 熊山鹰.全球化背景下我国民族体育的定位与选择[J].广州体育学院学报，2009，29（4）：42-46.

2011年袁泽民、季浏以云南彝族传统体育为例探讨了民族传统体育文化生态问题，认为民族传统体育文化紧紧依存其赖以生存和发展的民族文化生态。彝族传统体育文化生态的变化导致彝族人信仰结构的改变、乡村"礼俗"治理的日常生活规范被现代法制所取代、彝族人的生活方式发生巨大变化等。重建彝族传统体育文化生态，除了要做到价值重构，而且还要重建文化赖以生存的"生活世界"[①]。

2012年，江伟、徐成立认为少数民族体育受到西方竞技体育的冲击，多样性减少，其文化生态的平衡受到破坏。而要维护平衡则要找到这个平衡点，为了实现中国体育可持续发展的目标，需要提高少数民族传统体育的知名度，使其能够自主发展，增强其在社会中的影响力，并增加全球体育文化的多样性[②]。

在2014年，王晓虎和饶远从文化人类学的角度阐释了红河州哈尼族传统体育的文化生态环境，认为在哈尼族先民的迁徙、原始宗教、生产生活、社会制度、民族庆典、自然环境构成的文化生态环境中造就了哈尼族勤劳、朴实、勇武、彪悍、雄健、聪慧的民族性情，孕育了具有丰富多样而鲜明独特的梯田稻作文化与山地水文化特征的哈尼族体育文化，在现代文化多样性发展的进程中具有重要的文化价值及意义[③]。

三、民族传统体育文化生态中的困境

（一）民族传统体育文化生态困境

1. 民族传统体育文化缺少传承者

目前，民族传统体育面临着代际脱节和文化中断的问题。具体来说，年轻一代对民族传统体育的接纳度不高，这导致传统体育难以在他们中间得到传承，而老一辈的传承人又无法找到合适的接班人。因此，我国民族传统体育文化面临的

---

① 袁泽民，季浏. 对民族传统体育文化传承与发展的生态探讨——以云南彝族传统体育为例 [J]. 贵州民族研究，2011，32（3）：183-186.
② 江伟，徐成立. 文化生态视域下少数民族体育的发展 [J]. 贵州民族研究，2012，33（1）：145-149.
③ 王晓虎，饶远. 红河州哈尼族传统体育的文化人类学阐释 [J]. 红河学院学报，2014，12（1）：10-12.

一个重要问题是尽管在形式上丰富多彩，但消失和失传却也是不争的事实。尤其是在少数民族地区，民族传统体育文化急剧消失，传承人十分匮乏。

当前社会和我国古代相比发生了重大的变革，对城市生活的向往，促使农村年轻人大量外流，在我国少数民族地区许多村寨的大部分年轻人都已不愿意将精力置于传统民族文化的传承中，而是更多地放到农活上或到打工上。目前，只剩下一些村寨的老人还保留着民族传统体育的技能、民族民俗习惯。

年轻人的大量外流造成了传统体育技艺后继无人，由于人口大规模流动，当地农民被迫前往城市谋生，成了城市中的农民工，这使得他们与原有的生活环境和身份渐行渐远，同时也导致了传统体育主体的缺失。这种状况使得传统体育文化的传承与延续面临中断的风险。

2. 体育旅游文化发展真实性的丢失

文化真实性是一个西方文化研究概念，具体指文化的原真性、原生性、本真性。当前，"真实性"是文化旅游研究中的一个核心概念。

在文化旅游中，真实性有赖于生产或再造行为。就我国民族传统体育旅游的发展现状来看，一些地方为了谋取利益，以发展民族传统体育文化旅游为名，向游客提供了一种虚假的文化体验。这显然是对民族传统体育的一种误解和扭曲。这种伪民族传统体育行为，脱离了具体的民族文化环境和民族文化背景，失去了文化的真实性，不仅损害了民族传统体育文化在旅游市场的进一步发展，也伤害了游客对少数民族的感情。

3. 民族传统体育文化代际传递不连续

目前，一个非常严重的问题是现存的民族传统体育文化，由于缺乏现代学科理论的研究和阐述，在现代人的理解方面不能实现"人人心领神会"的效果。这种民族传统体育文化"难以理解"的现状，也导致了一些民族传统体育文化代际传承的断层。

举例来说，一些民族传统体育项目存在和发展于人们的日常生产、生活和自卫防卫中，但很少有关于这些项目的系统的技法原理记载、研究，它们的理论体系是不完善的。由于历史因素，一些民族在早期社会发展过程中，甚至没有本民族的文字。学校教育也与民族文化脱节，对于民族的年轻一代来说，他们对本民族的民族文化还停滞在原始的认知上。从少数民族地区流传下的一些拳谱和拳诀中可以发现，由于没有对拳法、拳理进行科学深入探讨和研究，一些拳种还带有封建迷信色彩，一些拳种的理论研究远滞后于实践对它的需要，在许多方面还难以做出科学阐述，由于理论的薄弱，或逐渐被其他拳种同化，或失去其原生态的特点，在发展过程中慢慢消失。

4. 社会变迁中民族传统体育文化的缺失

就民族传统体育文化来说，其生存和发展应在具体的文化生态环境中进行，如果失去了文化生态环境支撑，民族传统体育文化将成为无源之水、无根之木。

当前，网球、滑板、高尔夫等外来体育活动受到越来越多人的青睐，被视为理想的休闲和娱乐方式。在少数民族聚居区的学校中，年轻学生主要学习足球、街舞、健美操、滑板、篮球等现代化体育项目，这些项目旨在提升他们的体育技能和竞技水平。这些项目在各地举办的比赛中占据主导地位。

随着农村生活水平的提高，村民的娱乐方式日益增多，但多与民族传统体育项目无关，农村偶尔有民族传统体育项目表演，但更多时候则被人遗忘。民族传统体育活动生存环境日益狭窄。

（二）导致民族传统体育文化生态困境的外部生态因素

1. 外来文化的冲击

经济全球化语境下的文化资本和经济资本的流动，必然会加剧社会和文化的变迁，这种文化流动所导致的文化断裂现象，少数民族地区首当其冲。经济全球化发展趋势会对当代年轻人的思想观念造成影响，更在一定程度上造成民族传统体育文化的代际断裂。

2. 自然灾害的侵蚀

自然地理环境是文化生态的重要环境基础。一些自然灾害的发生可导致地区经济、文化发展的断层。

3. 当代社会的转型与城市化的推进

城市化发展是人类社会发展的表现，但是，城市化发展也会为民族传统体育文化的发展带来负面影响。随着社会的进步和经济的发展，少数民族地区的物质水平得到了显著提升，经济生产方式也发生了重要变革。然而，这些变革也带来了一些负面影响，如古老文化和宗教信仰的流失，以及传统娱乐形式被现代化活动所取代。现代文化对民族地区的文化生态产生了深远的影响，导致许多口耳相传、代代相传的非物质文化遗产面临被遗忘的危险。

长期以来，我国民族传统体育文化的传承方式都是师徒和血缘传承，在现代社会，由于各种原因，从事民族传统体育事业的人越来越少，很多民族传统体育项目面临着失传的危险。

例如，我国桂西北地区的壮拳，以我国传统武术"师徒传承"为主要传承方式。这种传承方式虽然能最原生态地保留壮拳的特点和内容，但是由于现代社会真正愿意勤学苦练的人越来越少，一旦有某一家族的后代不愿意从事家族技艺，则这种传统技艺就面临失传的危险。

再如，我国传统的那达慕大会是民族传统体育文化的重要表达方式和节庆活动，现今，各类西方体育及现代休闲体育项目纷纷涌现，使得传统那达慕"男儿三艺"（赛马、射箭、摔跤）中的射箭项目逐渐淡出人们视线。

4. 生存土壤的缺失

民族传统体育文化需要特定的环境条件来生存，如果这些条件被破坏或丧失，该文化也将无法发展。从根本上讲，民俗是民族传统体育的肥沃土壤，是一个族群的历史文化传统，是历代相沿、积久而成的风尚、习俗。大众休闲时代已经到来，在大众传播媒介下，人们更多参与的是体现"快节奏""刺激性"的现代休闲项目，加上现代文明对民族传统体育中民俗文化的"排斥"，一些民族传统体育便失去了其存在的民俗文化土壤。

以火把节的民族传统体育活动开展为例，彝族火把节作为彝族人民的重要节日，充分体现了家庭和社区的和谐融合。每年的庆祝活动让人们深刻感受到回归精神家园的重要性。这一节日体现了与亲朋好友欢聚一堂的丰富内涵，同时，节日活动中贯穿着彝族传统宗教仪式。彝族火把节不仅满足了人们多元化的需求，进一步弘扬了民族文化，促进了社区的凝聚力和向心力的提升，而且有祭祀、祈福和娱乐等多种功能与形式，但是现在，在民族传统体育旅游市场的挤压下，火把节的许多民俗文化活动环节被改编、缩减、取消，其生存土壤正在流失。

（三）导致民族传统体育文化生态困境的内部生态因素

1. 发展定位不明确

当前，对于我国很多地区和少数民族来说，民族传统体育的发展定位还不明确，这直接影响了自身进一步发展。

民族传统体育文化发展定位不明确具体表现如下。

①人群定位方面，很少涉及青少年、女性。

②形象定位方面，相对保守，不够时尚，与文化市场发展不符。

③传播定位方面，缺少现代化的宣传平台。互联网、微博、微信等新媒体传播的功能没有得到充分的使用。

④发展途径定位方面，既没有充分考虑市场的作用和地位，也没有充分发挥民间组织的作用，发展途径过于单一、缺乏特色。

2. 缺少文化自信

受西方体育文化的影响与冲击，当前许多人，尤其是年轻人，大都愿意参加现代体育项目，比如网球、高尔夫、足球、篮球等，而不愿意参与传统体育项目。文化主体的参与意识不强，对民族传统体育文化缺乏理解、不自信，是民族传统体育生态面临困境的另一个重要原因。

3. 不注重自我调适

文化要可持续发展，不断适应文化生态环境是一个重要因素。在继承和发扬传统体育文化的过程中，必须坚守其核心特质，同时，要敢于借鉴现代体育的优点，进行创新性的融合，以推动我国传统体育向现代化转变。在此过程中，不仅要关注传统体育文化的延续，还要确保其与时俱进，适应时代发展的需要。当前，从我国民族传统体育文化的发展现状来看，与当前社会文化发展不适应是其发展举步维艰的一个重要原因。文化的发展必须适应社会环境，并有必要对其进行一定的改造。

以我国武术发展为例，新的社会条件下，社会文化要素的发展都要适应社会化大生产的要求，并创造和发展为它服务的新文化，而传统武术的原有文化与现代社会的新文化一定会产生冲突，要想继续获得发展，就必须进行适度的转型。我国传统武术是在传统文化和传统哲学思想下产生、形成和发展起来的，随着中国近代社会向工业社会的转型，社会不断向前发展，文化的发展也需要不断适应社会的发展。在现代竞技体育思潮的影响下，竞技武术应不断规范发展。要适应竞技体育的发展，就必须规范和改进武术套路技术。这是武术融入现代竞技体育、走向世界的必然趋势和重要途径。

4. 人才缺乏

在民族传统体育的传承过程中，人是重要的载体。因此，要想人们了解和认识民族传统体育，就必须以传承人为媒介，就需要培养合格的传承人。但是目前，我国这方面的传承人太少，年轻人很少有兴趣和耐心去钻研民族传统体育文化。

当前，我国民族传统体育文化的发展，不仅缺少文化传承人，也缺少现代化的经营人才、管理人才和市场人才。

第二章 民族传统体育文化的内涵与价值呈现

本章简述了民族传统体育文化的内涵与价值呈现，主要包括四个方面的内容，分别是民族传统体育的物质文化内涵、民族传统体育的精神文化内涵、民族传统体育的制度文化内涵、民族传统体育文化的多元价值。

第一节 民族传统体育的物质文化内涵

民族传统体育文化具有深刻的内涵，这是我国民族传统体育运动得以在长期的历史进程中不断发展和完善的重要原因。民族传统体育所涵盖的具体物质文化内涵可以细分为如下几点。

一、民族传统体育的文献典藏

文字的出现推动了人类文明的发展。对于民族传统体育而言，它产生于人们的生产生活、娱乐、军事祭祀之中，并通过世世代代的传播而延续、保留至今。其中，文字在民族传统体育的传承过程中起到了非常关键的作用，各种文献典籍中记载了很多民族传统体育项目。只有对其进行挖掘与整理、传承与发展，才能使其重新绽放光彩，回到历史舞台。

关于民族传统体育的文献典籍包括很多种。例如最早在《周礼》中就有关于乐舞和射、御的内容。《礼记·月令》中记载："天子乃教于田猎，以习五戎，班马政。""五戎"即弓矢、殳、矛、戈、戟五种兵器。"马政"即驭马驾车的技术。《尚书·洪范》中提到的"考终命""康宁""寿""富""攸好德"代表了五福，它们与健康、长寿、康宁和养生有关。这反映了人们对健康和长寿的追求。《蹴鞠二十五篇》是一部关于蹴鞠竞赛与训练的专著,具体介绍了技术名称、竞赛规则、场地器材、技术要领等内容。这显示了古代足球活动的发展和规范。《黄帝杂子步引》《黄帝内经》《黄帝岐伯按摩》以及其他关于养生学的著作,展示了古代对于养生和健康的重视,为后世的养生学发展奠定了理论基础。《六韬》记载了兵种选拔的各种规定,显示了古代对于发展军事和体能的重视。而《马槊谱》《骑马都格》等则是关于骑马和射击等军事技能的著作。在《汉书·艺文志》中,记载了与军事有关的内容。这些著作关注的是军事技能和战斗实践。《战国策·齐策》中提到了临淄的富裕和多样化的娱乐活动,包括弹琴、六博、吹竽鼓瑟击筑、蹴鞠、斗鸡走犬等。这些活动既是娱乐,也有助于增强体能和培养技巧。这些典籍和著作展示了古代民族传统体育文化的丰富性和多样性。通过研究这些著作,能更好地了解古代体育活动和养生学的发展演变。

到了近现代时期,与民族传统体育相关的文献典籍变得更加丰富,主要以图谱、秘籍、专著、论文、史料、地方志等多种形式呈现,这些都是研究民族传统体育的宝贵资料。《中国民族传统体育志》是由原国家体委文史委员会和中国体育博物馆编著、广西民族出版社出版的,这是一部有关各民族体育的大百科全书。该书挖掘、收集、整理民族传统体育项目977条。内容包括古代已有的,现代仍流传或已失传的,有文字记载的,或只有口头传说的,涉及武术、棋类、气功养生健身、文娱等几大门类。书中对每一个民族传统体育项目都有详细的介绍,从起源流传到规则、成绩记录、重要人物等无一不有。

二、民族传统体育中的运动项目

我国民族传统体育运动项目非常丰富。《中华民族传统体育志》中记载,我国少数民族传统体育项目有676项,汉族有301项,这些都是中华民族宝贵的文化遗产。发展到现在,很多的民族传统体育项目已走出国门,如武术、龙舟、气功、风筝等。民族传统体育的发展受益于传统的民间文化,这些文化中包含一系列民俗习惯,如信仰和节日等,它们被认为是民族传统体育的核心。在历史上,人们创造传统体育,以满足自身的需求。受限于古代社会的生产力水平,传统体育成为反映人们共同需求及生活环境对人的影响的产物。在地域环境的影响下,各民族发展出了独特的民族习俗,这些习俗又以不同风格的民族传统体育活动为表现形式。这些活动各具特色，展现出丰富多彩的文化魅力。民族传统体育的物质性主要表现为项目的丰富性，下面重点介绍一下我国各民族的传统体育项目。

（一）壮族的传统体育项目

壮族的传统体育项目主要有投绣球、春榔争娃、打陀螺、抢花炮、舞狮、扒龙船、壮拳、特朗、跳花灯等28项。壮族人民非常热衷于武术，壮拳就是其中非常有代表性的一个拳种。壮族拳术动作刚劲有力、稳健坚定，拳头挥出势如破竹，极富威慑力，动作形态朴素自然。拳术主要以短打和标掌为主，较少采用跳跃技巧，此外，练习时需用壮语发音，以增强拳术力量。壮拳现存器械套路14套，拳术套路35套，对练套路2套。

（二）回族的传统体育项目

回族的传统体育项目主要有木球、方棋、中幡、掼牛、打抛、踢毽等，武术也非常有名，在民族传统体育发展过程中，回族武术对其文化和风格产生了极为深远的影响。

（三）蒙古族的传统体育项目

蒙古族的传统体育项目主要有摔跤、赛跑、赛骆驼、赛马、射箭、踢牛嘎拉哈、马术、击石球、布木格、打布鲁、套马、打唠唠球等。这些民族传统体育项目也表现出了浓郁的草原民族特色。

（四）满族的传统体育项目

满族的传统体育项目主要有冰嬉、溜冰车、溜冰、双飞舞、采珍珠、射箭、步射、摔跤、追射、打冰嘎、雪地走、举重石等43项。

（五）维吾尔族的传统体育项目

维吾尔族的传统体育项目主要有达瓦孜、打尕尕、滑冰、萨哈尔地、摔跤、叼羊、帕卜孜、顿巴采、赛马等十几种。

（六）哈萨克族的传统体育项目

哈萨克族的传统体育项目主要有叼羊、姑娘追、摔跤、赛马、躺倒拔河等7项，多以马术活动为主，男子多喜欢进行摔跤、叼羊等活动。在肉孜节、古尔邦节和纳吾鲁孜节等 8 节会举行叼羊、赛马、姑娘追等活动。

（七）朝鲜族的传统体育项目

朝鲜族的传统体育项目主要有荡秋千、顶罐走、跳板、投骰等。

（八）苗族的传统体育项目

苗族的传统体育项目主要有秋千、划龙舟、手毽、掷鸡毛、爬坡杆、爬花杆、上刀梯、赛马、跳鼓、猴儿鼓舞、布球、射弩、拉鼓、舞狮、打泥脚、芦笙刀、舞吉保、苗拳、蚩尤拳等 33 项。其中，划龙舟深受苗族人民的喜爱，其参与者众多。另外，苗族的秋千活动也很有特色，这项秋千活动是集体打秋千，打秋千时要唱歌。八人秋千是湘西苗族人民的传统体育项目。此外，舞吉保被看作是苗族的武术，它主要包括徒手和器械两大类。徒手类分为粘功、点穴、花拳、策手、礼示等五个方面；器械类包括棍术、钩钩刀、连架棒、棒棒烟、竹条镖。舞吉保是苗族人民健身和武术的经验总结，形式、内容、技巧等方面都各具特色。

（九）藏族的传统体育项目

藏族的传统体育项目主要有 32 项，包括赛马、赛牦牛、射箭、登山、摔跤等。

（十）傣族的传统体育项目

傣族的传统体育项目主要包括武术、赛龙舟、打陀螺、跳竹竿、傣拳、丢包等。跳竹竿是傣族人民非常喜爱的一项传统体育项目，该活动主要包含两种方式——打竿和跳竿。参与此项活动的打竿者被成对分组，每组两人，各自手持竹竿坐在对面。他们通过交替敲击或敲打地面，使竹竿的节奏起伏不定。伴随音乐伴奏的变化，竹竿敲击的频率也发生相应的变化，时而快速，时而缓慢。而跳竿者则巧妙地利用竹竿的分合时机，采用双脚跳跃的方式，展现出流畅且美妙的身姿。他们在跳跃中使用灵活自如的动作，场面有时是男女混合跳，有时是女人跳男人或男人跳女人，形式多样。

（十一）土家族的传统体育项目

土家族的传统体育项目主要有抢贡鸡、打飞棒、踢毽子、板凳龙、搭撑腰等。抢贡鸡中贡鸡有草鸡、稻草鸡、竹篾鸡三种，比赛形式有团体赛、个人赛和表演赛三种。打飞棒是一种两人对抗赛，第一步是挑飞棒，第二步是打飞棒，第三步是宰鸡头。踢毽子运动也深受土家族人民的喜爱，毽子是布包铜钱、管插鸡毛样式，也有纸絮包扎铜钱或镍币的。踢毽子运动形式自由灵活，适合各类人群，主要有踢毽、拍毽和抢毽三种。另外，土家族的武术多为短打，进攻动作迅速而有力，拳势猛烈异常。

（十二）彝族的传统体育项目

彝族的传统体育项目主要有摔跤、射箭、射弩、陀螺、赛马、跳牛、跳火绳、刀术等共42种。射箭是彝族节庆、婚丧活动中的主要内容。古代射箭有射远和射准两种形式。彝族弓、弩使用历史久远，制作考究。弓体多为木质，弓绳用牛皮筋做成。箭杆多为木质，也有铁质。箭铁有铁质、木质、骨质三种。彝族刀术也具有特色。掷刀表演时，将腰刀抛向十多米高的空中后再稳稳接住，还有掷出后跳跃几次再接刀的。集队游行时，常常是以掷刀表演为向导。

（十三）侗族的传统体育项目

侗族的传统体育项目主要有武术、抢花炮、侗拳等13项。侗拳素有"拳打卧牛之地"之誉，是流传于桂北和湘西南侗族民间中的一个古老拳系，其风格特点是动作快速迅猛，手足并用，行拳时短小紧凑，身法灵活多变、时高时低，错落有致。步行步伐动时顺势，定则沉稳，一般以"四门"和"田"字为主。脚法不多，以隐秘踹、击发、暗腿为主。

（十四）布依族的传统体育项目

布依族的传统体育项目主要有赛马、打陀螺、荡秋千、丢花包、花棍舞等。

（十五）白族的传统体育项目

白族的传统体育项目主要有赛马、打秋节、赛龙船、霸王鞭等。

（十六）傈僳族的传统体育项目

傈僳族的传统体育项目主要有顶牛、弩弓射、泥弹弓等21项。顶牛是模拟牛羊打架相角抵的一种较力对抗。弩弓射是傈僳族在采集、狩猎中形成与发展起来的一种传统体育项目，弩弓制作精良，弩箭用竹制成，配尾羽，分有毒和无毒两种。

弩弓射比赛主要有射鸡蛋、射刀刃等几种形式，具有较强的竞技性和娱乐性。泥弹弓是一种以竹为弓，以皮筋为弦，用泥弹做弹丸，以射击十步开外靶子的游戏。

（十七）佤族的传统体育项目

佤族的传统体育项目主要有摔跤、弩弓、射刀刃等12项。摔跤运动深受佤族人民的喜爱，本族大多数人都会摔跤。弩弓是佤族人民最喜爱的运动之一，从小起，佤族人便开始学习如何使用弩，因此他们练就了精湛的箭术，每一箭都能够命中目标。射刀刃是衡量射手能力的最佳方式，因为它代表了弩手的最高水平。

（十八）瑶族的传统体育项目

瑶族的传统体育项目主要有毛菜球、打陀螺、对顶木杠、独木滑冰、独木桥、瑶拳等十几项。瑶拳历史悠久，其姿态稳健沉实，动作精巧，击打威猛而狠厉，充满粗犷的力量和粗暴的发劲。在武器方面，常见的武术武器包括盘龙棍、单刀、双剑等。当今常见的拳术套路有许多，其中包括太极拳、盘王拳等。对练套路涵盖对拳、对刀等。此外，还有许多团体表演，像剑皇舞、双刀舞、关刀舞等。

（十九）哈尼族的传统体育项目

哈尼族的传统体育项目主要有陀螺、跳高跷、摔跤等。另外，磨秋也是哈尼族节日中不可或缺的传统项目之一，深受人们的欢迎和喜爱。

（二十）黎族的传统体育项目

黎族的传统体育项目包括拉乌龟、跳竹竿、穿标、打狗归坡、赛牛车、顶杠、钱铃双刀、射击、狩猎等十几种。跳竹竿在黎族中发展较为广泛，曾经先后两次在全国民族运会上被评为优秀表演项目。此项运动对于人体的灵活性要求比较高，要求运动时反应灵活，动作敏捷利落、优美舒展，另外还要具备一定的音乐素养和舞蹈技巧。参加此项目的训练能有效地锻炼人的体能素质和心理素质，具有较大的实用价值。此外，射击比赛、狩猎比赛也是黎族男子普遍喜爱的体育运动。

（二十一）纳西族的传统体育项目

纳西族的传统体育项目主要有秋千、赛马、东巴跳、射箭、占占夺、丽江球耍刀跳、弓箭跳、磨刀跳等。打秋节也是纳西族的主要传统体育活动，有磨担秋、荡秋等。另外赛马也有着悠久的历史，赛马以竞速、体形、步伐决优劣，后来还出现了马技表演。东巴跳源于东巴教跳神舞蹈，保留了原舞蹈的较完整的原始形态。耍刀跳、弓箭跳、磨刀跳等项目包含了武术的基本特征，但动作较为随意和简单。射箭在每年的正月初九至正月十二祭天时进行，也是深受纳西族人民喜爱的传统体育运动。

（二十二）柯尔克孜族的传统体育项目

柯尔克孜族的传统体育项目主要有赛马、走马、叼羊、马上角力、飞马拾银、秋千、摔跤以及射元宝、姑娘追等23项。其中叼羊、飞马拾银、姑娘追、走马等是最受柯尔克孜族欢迎和喜爱的体育项目，这些项目充分展现了柯尔克孜族能牧善骑的民族特点。

（二十三）达斡尔族的传统体育项目

达斡尔族的传统体育项目主要包括波依阔、寻棒、比颈力、滑雪等十几项。波依阔，即曲棍球，是达斡尔族人民十分喜爱的传统体育项目之一。它是达斡尔族主要的传统节目之一，在达斡尔族得到了很好的发展。比颈力是达斡尔族人民所酷爱的类似拔河的传统活动。两位参赛者面对面坐在地上，抬起双腿，双手可以叉腰或者放在膝盖上，脚尖相对紧贴在一起。把一条布带作为环形物品，分别套在对方的脖子上。比赛开始，每个人都用脖子用力拉对方，争取胜利。屈膝歪倒，臀部离地或是布带中心线偏向对方即为输。另外，达斡尔族人也非常喜爱射箭运动，形式多种多样，常见的主要有跑马射箭、站立射箭两类。

（二十四）景颇族的传统体育项目

景颇族的传统体育活动包括摔跤、刀术、秋千、射击等。景颇族刀术形式较多，基本分为单刀术和双刀术两类，前者具有很强的攻防意识，应用性非常好；后者是花样刀术，主要运用在表演中。

（二十五）高山族的传统体育项目

高山族的传统体育项目有17项，较为流行的是背篓球和竿球。背篓球起源于高山族的传统习俗，即青年男女在互相示爱时使用槟榔相互投掷。随着时间的推移，这种活动逐渐转化为一项体育运动。比赛时分两队，每人一个背篓，甲队投乙篓，乙队投甲篓，边跑边投，投距不少于3米，不得碰撞背篓者或触到背篓。而竿球，又名顶球、刺球，流行于屏东、台东等地，是用顶端削尖了的竹竿去刺从高处抛下的球，刺中球多者胜。

（二十六）畲族的传统体育项目

畲族的传统体育项目主要有操石磉、赛海马、站桩、抢山猪头、斗牛、打尺寸、畲族拳等10项。操石磉是一种别有情趣的民族体育项目，它是用脚踩着石磉在鹅卵石上行进，以速度快者为胜，可单人、双人、多人进行。打尺寸是以打击短棒为基本动作的一种游戏，比赛形式为追逐双打、四面招架、攻守阵地。

（二十七）拉祜族的传统体育项目

拉祜族的传统体育项目有射弩、卡扒、拉河毕、卖切切（踢脚架）等。拉河毕是拉祜族少女和儿童的专属游戏。游戏时，在空地上支一块10~20厘米的木板或石片作靶子，用"拉河毕豆"弹击，距离5~10米不等。

（二十八）东乡族的传统体育项目

东乡族的传统体育项目主要有赛马、一马三箭、骑木划水、打鞭子比赛、人牛泅渡、摔跤等。其中，赛马深受东乡族人民的喜爱，主要分为耐力赛、速度赛、花样赛等几种形式。另外，摔跤在东乡族中也很流行，东乡人称其为"巴哈邦地"。摔跤的动作也是多种多样的，揽腰抱、花花抱、后腰抱等是最为常见的几种。打鞭子比赛以其较高的趣味性也得到了广泛开展，比赛一般分单人、双人、集体三种。

（二十九）水族的传统体育项目

水族常见的传统体育项目有赛马、翻桌子、狮子登高和水族武术等几种。水族人尤爱赛马、耍狮子，赛马比的是韧劲，耍狮子则要有极大的勇气。水族武术同我国传统武术有着很大的区别，它的技术项目主要有刀术、坦耙、链夹等，具有很强的娱乐性。

（三十）撒拉族的传统体育项目

撒拉族的传统体育项目主要有打蚂蚱、拔腰、打缸等。拔腰是一种较力的游戏，娱乐性较强。打缸是指参加者用小石片击打，有平打、侧打、立打、正打等形式，比赛规则都是击中为胜。

另外，撒拉族人民也热爱骑马，普遍骑术高明，主要有跳跃马背、骑马射击、蹬里藏身、骑马劈刀等几种形式。

（三十一）锡伯族的传统体育项目

锡伯族的传统体育项目主要有射箭、打瓦、摔跤滑冰、打螃蟹等。其中，射箭运动历史悠久，有着浓厚的群众基础；打瓦原叫"打靶"，起源于狩猎时代，不仅能锻炼人的身体，还能增强意志品质；摔跤被广大青少年所喜爱；滑冰简单、易于操作；打螃蟹则反映了锡伯族人民的耿直性格，开展得较为广泛。

（三十二）毛南族的传统体育项目

毛南族的传统体育项目主要有同背、同拼、同填、同顶、棋类、抛沙袋等十几项。毛南族人大都喜爱棋类运动项目，常见的有三棋、簸箕棋、围母棋、牛角棋、射棋、禾剪棋等。

（三十三）仫佬族的传统体育项目

仫佬族的传统体育项目主要有游泳、打灰包、打篦球、玩花龙、抢花炮、象步虎掌等。其中，打灰包、打篦球、象步虎掌皆为仫佬族人民所喜爱且极为盛行的传统体育活动。

（三十四）羌族的传统体育项目

羌族的传统体育项目主要有摔跤、扭棍子、推杆、观音秧等几项。其中，扭棍子受到羌族人民的普遍欢迎。扭棍子是取一根约 1 米长的木棍，两人各握一端，各自朝相反方向扭动，以能将木棍扭转一周者为胜。推杆比赛所用的器材为长度为 3~4 米，直径约 20 厘米的木棍。在比赛中，两名选手呈相对站立姿势，其中一名选手需保持半蹲姿态，双手紧握木棍的一端，并将腿部紧紧夹住木棍的另一端，全力向前推出，而另一名选手则需紧握木棍的另一端，向前施加力量，攻方将守方推倒或推后 50 厘米为胜一局，否则为败，三局二胜制。

（三十五）仡佬族的传统体育项目

仡佬族的传统体育项目主要有高台舞狮、打篦蛋球、打花笼、仡佬毽子等，这些项目大多是在节日当中进行。仡佬族的节日主要包括春节、元宵节、拜树节、捉虫节、牛王节等。打篾蛋球是仡佬族的传统游戏。球由竹篾编制而成，如拳大小，外涂彩色，分空心、实心两种。比赛双方人数相等，场中划界为"河"。打球时可拍、扣、推、托，还可以用脚踢，打不过"河"或球碰身体为输。球落本方界内，对方可过"河"占领落地地盘。另一方为优胜者开球，球发出后，人们朝落球点奔去抢到球者发球，发球次数多者为胜。

（三十六）布朗族的传统体育项目

布朗族的传统体育项目主要有"亚都都"、爬杆、斗鸡、藤球、射箭、跑步等几种。"亚都都"属于男女混合游戏。一名男性引导若干名女性进入游戏区域，女性会迅速分散开来。随后，男性将展开追逐，目标是在女性倒地之前捉住她们。如果一名女性被男性捉住，则视为失败，她必须立即协助男性追捕其他女性，直至所有女性都被捉住。而当被追逐的女性立即卧倒时，男性需放弃追逐，转而继续追捕其他女性。斗鸡也是一种常见的体育游戏，具有一定的对抗性。比赛中，男女青少年将一脚拉起，单脚支撑，互相用膝盖冲顶对方，动作有跳、压、顶、冲、扫，以将对手击落于地或双脚落地为胜。藤球用细竹竿或细藤精心编制而成，游戏规则与现代排球有很大的相似之处。玩家排成圆圈，轮流将藤球抛向空中。当球落下时，距离最近的玩家用手接住球并传递给下一个人。对于未能传好球或漏接球的人，可以事先设定一些惩罚措施和手段，以表达对其不当表现的警示或惩罚。

（三十七）阿昌族的传统体育项目

阿昌族的传统体育项目主要包括射弩、耍象、车秋、舞龙、阿昌拳、刀术、棍术等几项。阿昌人善制刀，爱耍刀，尤以户撒刀最为出名。刀术有多种，主要有阿昌大刀、三十六刀、藏刀、朴刀、双刀等。阿昌拳则包括公鸡拳、大蟒翻身拳等。棍术主要有合棍、两节棍、十四门棍、猴棍等。

（三十八）普米族的传统体育项目

普米族的传统体育项目主要有赛马、跳高、踢毽子、摔跤、打靶等，这些项目也大多是在普米族的节日中举行。

（三十九）保安族的传统体育项目

保安族的传统体育项目主要有射箭、打五枪、抱腰、抹旗、赛马、打石头、友筏竞渡等。另外，羊皮筏子或牛皮袋竞渡也是保安族比较常见的传统体育活动，主要有"刀术"牛皮袋过黄河和"单抱"羊皮袋横渡黄河两种。这种运动惊险刺激，能极大地锻炼人的意志品质。

（四十）俄罗斯族的传统体育项目

俄罗斯族最流行的传统体育项目是嘎里特克。嘎里特克又称击术，在比赛时，分两队，每队5人，以先击完所商定图形的队为胜，也可两人对抗。

（四十一）塔吉克族的传统体育项目

塔吉克族的传统体育项目主要有赛马和叼羊两种。赛马一般最长距离50千米，短的10千米左右。叼羊是一种在喜庆节日举行的竞技运动。该运动由两队骑手组成，骑手需要展示他们娴熟的马上技巧。运动的目标是争夺放置在地面上的山羊的头和蹄，并送到指定的地点。谁先将山羊的头和蹄送到指定地点谁就是胜利者。这种运动看起来充满了竞争和技巧，骑手需要展示出优秀的骑术和协同合作能力。它可能是一种以展现骑手技艺和带动欢乐气氛为特色的传统竞技活动。

（四十二）鄂温克族的传统体育项目

鄂温克族的传统体育项目主要有狩猎、赛马、套马、滑雪等。

（四十三）德昂族的传统体育项目

德昂族的传统体育项目主要有射弩、武术等。射弩与武术在德昂族中有着广泛的群众基础，大多是在节日中进行的。其中，左拳、梅花拳是其武术的主要代表。

（四十四）京族的传统体育项目

京族的传统体育项目主要有跳竹竿、打狗、游水捉鸭、踩高跷等几项。打狗深受青少年的喜爱，主要分个人赛和团体赛两种形式。该活动已有200多年的历史。休息时，五六个人在海边的沙滩、草地、平地上挖几个小坑，每人拿一条木棍或扁担，便可进行该游戏，非常简便易行。另外，京族男女擅长游泳、潜水，常在夏秋两季进行游水鸭子比赛。

（四十五）塔塔尔族的传统体育项目

塔塔尔族的传统体育项目主要有摔跤、赛马、拔河、爬杆、赛跳跑等。爬杆比赛时，要在木杆上涂肥皂，使其润滑，竞赛中谁先爬到顶点为胜。赛跳跑时，参加者口衔一匙，匙内放一个鸡蛋，有的人小腿还捆有一个纱布口袋，迅速奔跑，鸡蛋不能落地，最先到达目的地者为胜。

（四十六）怒族的传统体育项目

怒族的传统体育项目主要有爬溜索、射箭、跳高等。据说，怒族的祖先使用竹篾扭成竹索，将竹索拴在箭上，用力射到对岸，再把横在江上的竹索固定下来，便成了溜索。可以说，爬溜索也是当地特有生活方式的一种写照。溜索是一种特殊的运输工具，是专门用于跨越峡谷、河流和江河等不同地形的交通工具。过去，由于怒江河道两岸的悬崖峭壁不断、山峰陡峭高耸，再加上怒江本身水势湍急、落差极大，因此该地区的交通十分不便，无法实现船只交通和提供渡船服务。溜索包括两种类型——平坦的平溜和陡峭的陡溜。当地人只用一根滑索，便可轻松往来过河。陡溜需要两根溜索，一头高、一头低，以便来回移动。在爬溜索运动中，我们需要使用溜板固定溜索，并通过溜板孔将长达3米的麻布溜带绕过臀部和腰部，最后再将其拴在脖子上。紧握溜板，用力将脚蹬在柱子上固定溜索，然后顺势滑行，就能毫不费力地横越江面。当到达江心时，随着溜索的倾斜上升，溜板逐渐停止了移动。溜渡者踏着溜索，手握缆绳，顺滑至溜索末端，到达溜柱附近后，松开缆绳，从溜柱下脱离。

（四十七）乌孜别克族的传统体育项目

乌孜别克族的传统体育项目主要有摔跤、赛马、叼羊等几项，一般在传统节日举行。

（四十八）裕固族的传统体育项目

裕固族的传统体育项目主要有赛马、赛骆驼、顶牛、射箭、摔跤、打蚂蚱等9项。其中，赛马最受裕固族人民的欢迎，传统节日、庙会宗教祭祀、婚礼等场合都会举行赛马比赛。赛马主要包括走马和奔马两种形式，各年龄段人群都可参与。另外，赛骆驼、射箭、摔跤等运动项目也是受当地生产活动的影响而出现的，也得到了广泛开展。

（四十九）独龙族的传统体育项目

独龙族的传统体育项目主要有"耶路里得楞""夏巴""响石"等。"耶路里得楞""夏巴"即赛马、射箭的意思。独龙族年节的第二天，都会举行射猎庆典。先进行祭祀，礼毕举行竞射活动。在50米外砍去一大块树皮，用木炭画上各种兽形，猎手张弓劲射，也有将兽皮作靶子进行射箭的。"响石"，又称为网石，是一种通过麻线编织成菱形网兜的投掷工具。在制作过程中，将麻线编织成网兜，并在其中放置一枚鹅卵石。接着，在网兜两端的麻绳上绕上结，一端夹在手指间的绳结中，另一端则扣于手指上。通过在头上旋转网石，可以利用鹅卵石的惯性，瞄准目标后释放绳结，使鹅卵石飞出并击中目标。这种"响石"具有投掷距离远、打击准确的特点，因此在民间广泛流传和使用。

（五十）珞巴族的传统体育项目

珞巴族人民喜爱长刀和弓箭，这两种武器也是珞巴族男子一生中最重要的信物。他们从七八岁便开始操弓射箭，练就了一身高超的技术。射箭不仅是珞巴族一种重要的体育活动，同时也是珞巴族人民非常重要的生活方式。

（五十一）赫哲族的传统体育项目

赫哲族的传统体育项目主要有滑雪、叉草球、快马小赛、打爬犁等。赫哲族以捕鱼为生，叉草球即来自这种生活的需要。赫哲族早年以鱼皮为衣，为了保存鱼皮的完整，叉鱼要准确地叉在鱼的鳍上，这就需要反复练习叉鱼的本领。叉草球运动就是在这样的背景下诞生的。叉草球运动在每年的春、夏、秋三季举行。在草场上择一平坦地方，长百步，宽不限，选择一根有叉的柳木杆，长6尺，剥去树皮，将两叉削尖，做成木叉。用草扎成直径为8~9寸（1寸≈3.33厘米）的圆形草球。比赛方法主要包括两种：第一种，甲乙两队各数人，每人一把叉，两人一个球，相向而立，距离70步，互发草秋、叉球，只能叉对手球。以连续叉中21次者为胜；第二种，叉球者将叉投向空中或地面滚动的草球，叉中者前进

10步，不中者后退两步，前进后退只准3次，以叉中多者为胜。

（五十二）鄂伦春族的传统体育项目

鄂伦春族的传统体育项目主要有赛马、射击、桦皮船、皮爬犁、斗熊等几项。鄂伦春人从小就生活在马背上，赛马就成为他们最为重要的体育活动。鄂伦春人自古以狩猎为务，他们普遍射艺高超，久而久之，射箭也发展成为一项传统体育项目。射箭多以树木为目标，有立射和马上习射两种。皮爬犁是鄂伦春族人的一种雪上交通工具，比赛主要有比速度、比距离两种形式。

（五十三）门巴族的传统体育项目

门巴族的传统体育项目与藏族的大致相同。

（五十四）基诺族的传统体育项目

基诺族的传统体育项目主要有射弩、顶竹竿、跳嘎、打陀螺等。竹竿是基诺人进行体育活动的器械，比赛形式有顶竹竿、翻竹竿、扭竹竿、爬竹竿等。还有高跷也是以竹子为材料的。跳嘎，即跳牛皮鼓。相传基诺族祖先在洪水来临时藏在鼓里避难，因此，每到年节、造新房、农历二月，村村寨寨都要跳牛皮鼓来纪念祖先。射弩也是基诺人常进行的活动。

（五十五）土族的传统体育项目

土族的传统体育活动与生产劳动、传统习惯、宗教信仰、民族历史渊源等紧密相关，内容健康，形式多样。其中，拉棍、拔腰、打毛蛋、台键巴嘎（踢毽子）、轮子秋和赛牦牛等，都是土族典型的传统体育项目。

（五十六）汉族

汉族的传统体育项目比较多，据统计有301项传统体育项目。其中，有些运动项目已经走向了国际，成为世界的优秀体育文化项目，如武术、龙舟、风筝、气功等。汉族的传统体育项目如果根据大的种类来分，可以分为武术或武艺、军事体育、娱乐体育以及行气养生类体育四大类。在每一类中又可分出许多具体的亚类来。如武术类中的拳类，又分为陈式太极拳、吴式太极拳、杨式太极拳、孙式太极拳、拦手、地趟拳、太极五星捶、螳螂拳、四通捶、秘踪拳、华拳、翻子拳、通背拳、少林拳、短拳、交圣拳、大鸿拳、劈挂拳、南拳等 90 余种。又如，娱乐体育，可以分为蹴鞠、击壤、投壶、木射、棋类、步打球、捶丸等。而棋类这一项目又包括许多子项，如六博、跳枯井棋、狼吃娃、摆龙、兽棋、对角棋、围和尚、媳妇跳井棋、六周茅坑棋、打虎棋、摆龙门阵、猪拇棋、下方、"华容道"智力棋、网棋、西瓜棋、成三棋、四棋、挑夹棋等 55 项。再如养生术类的导引气功，就有彭祖气功、天河寺硬气功、南京戴家功、青龙动气功、武当气功、三线放松功等。

我国各民族在长期的生活中，逐渐形成了具有自身特色的传统体育项目，是我国民族传统体育文化的重要体现。

三、民族传统体育的器材和器械

我国的民族传统体育项目众多，有时需要借助于一定的器材和器械才能顺利进行相关动作。民族传统体育运动器材、器械设备等是一种重要的文化创造，是我国古代劳动人民汗水与智慧的结晶。

龙舟竞渡中的龙舟就是民族传统体育器材中非常具有代表性的一种。赛龙舟是端午节期间在汉族人民中普遍流行的一种民俗体育活动，古文献《穆天子传》中有关于龙舟的最早记载。相传周穆王时就已经出现了龙舟，比屈原投江的时间早 600 多年。龙舟主要是由三部分组成，即船体、龙头与龙尾，另外还有各种装饰与锣鼓等。一般的龙舟船体为菱形，两头窄，中间宽。宽度一般在 1~1.2 米，个别的宽 1.4 米。船的长度差距较大，短的约 10 米，长的可达 30 米。龙头大多用整木雕成，竞渡前才装上。

各地的龙头各异：广州西江鸡龙舟龙头长 1 米左右，小而上翘，大多为红色，称为"红龙"，也有的涂为黑、灰色，称"黑龙""灰龙"；广州东江大头狗龙舟龙头的龙颈很短，龙头很大；湖南汨罗市的龙头，短颈，上唇部向上高翘伸起；贵州清水江苗族制作的龙头，用 20~30 米长的水柳木雕刻而成，重达 50~100 千克，上涂金银、红、绿、白各色，龙头昂首向天，头上有一对变弯的龙角，酷似水牛角，龙颈上还有 10 多个木齿；贵州施秉县无阳小河村制作的龙头，长 2 米多，鼻孔拱穿，很像牛鼻；江西高安市城区的龙头，上唇及鼻子像大象一样弯卷，远远伸出，并且在龙头之下、龙舟的正前方钉有一刻有兽纹的半圆形木板，似饕餮，又像狮子；而西双版纳的龙头最大特点是在龙嘴前方伸出了长长的2根或3根大象牙似的长牙。龙尾大多用整木雕成，刻满鳞甲，各地龙尾也不尽相同。

龙舟的装饰是指除去龙头、龙尾以外的东西，包括旗帜、船体上的绘画，以及锣、鼓、神位等，各地差别更大，很难找出共同的规律性的东西。例如，鹿门康帅府的三角形船尾旗上方绣有一鹰，中部为一太阳，下方为一熊，称为鹰熊伴日旗。帅旗为长方形，每条船1～2面，一面绣有双凤，一面绣有双龙，正中绣帅字，上方绣鹿门。罗伞绣有各种图案，有的绣八仙，有的绣八仙的各种宝物。除了普通的龙舟之外，还有造型龙舟、凤船、独木舟、龙艇等很多种类，这些都很好地展现出我国劳动人民的聪明与才智。

踩高跷是在元宵节举行的一种特色民族体育项目，高跷是民族体育项目的主要器材。高跷在唐代之前叫长跷伎，宋代叫作踏跷，清代开始称高跷。高跷活动由于表演者的双脚踏在木跷之上起舞，要比一般的人高出一截，民众需要仰着头或者站在高处进行观看，所以又被戏称为"商瞧戏"，又俗称"缚柴脚""高脚师""拐子"等。由于踩高跷具有很高的娱乐休闲性，因此受到了广大民众的喜爱。高跷为木制品，是在刨好的光滑木棍的适当位置钉上脚踏制作而成，如赣南客家的高跷结构都是由圆木棍与脚踏板两部分组成。一种高跷是在两根直径约5厘米、长度在150～180厘米的圆木棍上，距地面高度数十厘米处各钉一块踏板制作而成的，这种高跷不仅容易保持平衡，而且做动作相对简单，技巧容易学习掌握，在健身、娱乐、竞赛活动中很常见；另一种高跷是在两根直径约5厘米、长度数寸或数尺的圆木棍顶端分别钉上一块踏板制作而成的，掌握这种类型的高跷有一定的难度，一般需要经过专业性的训练，这种类型的高跷在集会庆典和节假日的表演活动中较为常见。踩高跷是一种喜闻乐见的休闲方式，不仅可以丰富广大民众的业余文化生活，同时还能增进民族团结与友谊。高跷制作器械简单，取材很方便，基本不受场地、环境等客观因素的影响。同时，踩高跷的运动强度也不大，极富娱乐性，因此也非常适合人们用来健身。

总而言之，民族传统体育的器材与器械是一种物化的文化，是民族传统体育物质文化的有机组成部分，在民族传统体育物质文化内涵中占据着非常重要的地位。

四、与民族传统体育有关的壁画与文物

大部分民族传统体育项目都具有一定的直观性和形象性,人们在参与民族传统体育的过程中,大多时候都具备直观的动作思维。民族传统体育源自人们的生产生活实践,作为人类生产生活最原始的记录与反映形式之一,其产生的时间远早于语言和文字。在语言尚未形成的远古时期,人们在进行采集、狩猎等各种活动时,需要进行必要的交流与沟通,因此,他们借助特定的身体语言来传递信息、沟通思想。为了记录这些活动,人们采用了简化的线条和人物形象,生动描绘了各种动作和身体活动,从而形成了最初的民族传统体育雏形。早期的民族传统体育活动记录主要以图画的形式保存。这些记录可以在各种陶瓷制品和建筑壁画中找到。壁画、出土文物以及民族服饰等都是宝贵的文化遗产,它们反映了过去的生产生活方式、社会文化背景以及民族体育的发展历程。通过对这些物质文化的研究,人们可以还原和理解民族传统体育的演变和发展过程,以及其中蕴含的价值观念、技能传承等方面的内容。

1953年中国科学院考古研究所在西安半坡村的半坡遗址内发现了石球,表明在母系氏族社会时期就有人类祖先进行石球游戏。此外,洛阳地区的孙旗屯遗址、小浪底库区、偃师宫殿遗址等也有新石器时代和史前新石器时代的石球文物。1984年,在洛阳涧西出土了四方体尖状物,它是西周时期的骨器,类似于现代的标器,可安装在木棒上。此外,洛阳解放路的战国葛里还出土了一件铜矛,上面铸有"越王者旨于赐"字样。这些发现为人们提供了研究古代中国体育活动的重要线索。石球的发现表明在较早的时期已经存在类似球类的体育游戏。而骨器和铜矛等物品则暗示了古代中国人在古代体育活动中使用工具和武器的情况。

五、不同少数民族的传统服饰

我国各少数民族都有自己的民族特色服饰,这些服饰中往往包含着一些特色的传统体育文化。这是因为我国大部分民族传统体育项目都与一些节日相关,在节日期间参加的体育项目时,人们会穿上一些独具特色的民族服饰,这在一定程度上体现了我国民族传统体育的文化内涵,展现了各民族的特色文化。

第二节　民族传统体育的精神文化内涵

一、精神文化概论

精神文化和物质文化一样，也是由人们在日常生活中总结出的经验理论，具体表现为对伦理道德的追求，对美的事物的感受，对于艺术的追求和对精神世界的追求。精神文化是人的精神食粮，孕育人的精神家园，决定人的精神状态、精神生活、精神实质，具有价值导向和民族凝聚的功能。

精神文化属于人类生活中的高级文化范畴，在一定程度上指导着人们的行为。体育精神文化是精神文化的一种，是人们在参与体育运动和体育竞赛过程中形成的体育价值观念。这种体育价值观念主要是指对体育运动价值功能的认识，以及对参加体育比赛时的公平竞争、努力拼搏、永不放弃等精神的认可。

二、民族传统体育的精神文化内涵阐释

对民族传统体育的研究，不仅要重视物质文化，同时还要重视精神文化，要研究其中的价值观念、思维方式、审美情趣、民族心理等内容，以促进我国民族传统体育真正地获得传承与发展。

我国的民族传统体育孕育于中国传统文化中，受到中国传统文化的影响。有的学者认为，民族传统体育是以儒家思想为哲学基础，以保健性、表演性项目为基本模式，以崇尚礼让、宽厚平和为价值取向的体育形态。还有一些学者认为，民族传统体育强调的是中庸、求静、求和、等级观念特征和贵义贱利的价值观念。具体来说，民族传统体育的精神文化内涵主要体现在以下几个方面。

（一）社会群体的价值本位

中国传统文化主要是以家庭、家族为本位的，并将这种价值观延伸到整个社会群体之中，从而导致以社会群体为本位的价值观成为中国传统文化的价值取向。在这种文化环境之下，民族传统体育主要强调的是社会群体的和谐发展，对个人

竞争文化强调不足，因此在民族传统体育的精神文化中，几乎没有竞争文化存在，其竞争形式也主要是以集体竞争形式存在。

（二）提倡柔和和静态之美

儒家文化是我国封建社会中的主流文化，是一种静态的文化。受儒家文化的影响，在民族传统体育活动中，大部分项目展现的也是一种静态的文化。我国传统文化还体现在柔和方面，这一直以来都被人们视为是中华民族的传统美德。这种价值观念对民族传统体育的传承与发展产生了重要的影响，很多民族传统体育项目都在这种观念的指导下流传了下来，如太极拳、围棋等项目。尤其是太极拳，它以其柔和、轻缓的动作与内在的气势征服了国内外爱好者，并吸引越来越多的人参与其中。太极拳运动就很好地体现了柔和与静态美。

总体来说，我国民族传统体育倡导的是一种静态的、柔和的文化特征，强调人通过从事体育项目达到内心的平静，从而促进身体健康。

（三）追寻人与自然的和谐

受到传统文化"天人合一"思想的影响，我国民族传统体育文化从整体上对人体运动过程中形态、机能、意念、精神，以及这些状态与外部世界的联系进行了比较客观的描述。它注重的是人与自然之间的和谐，如太极拳、气功等，都追求"心灵交通，以契合体道"。从总体上讲，我国民族传统体育大部分项目都追求人与自然的和谐，这是与现代西方体育最大的区别。

（四）表现一定的民族心理特点

具体来讲，我国民族传统体育的民族心理特征主要表现在以下几个方面：

第一，在体育原理方面，主要表现在中华民族追求平衡与顺应自然的主体化思维方式上。

第二，在技术特点方面，主要是将中华民族以智斗勇、追求技巧的审美心理反映出来。

第三，在竞赛规则方面，主要体现表演性的特点，动作规定和比赛规则很少具体化，在交手过程中要掌握礼让为先、点到为止的原则。

（五）封建社会文化的体现

人们的生产生活是民族传统体育产生的物质基础，而民族传统体育的文化成果都是在对生产资料和生活资料的劳动过程中形成的，并主要以复杂文化体系的形式出现。我国有着较为漫长的封建历史，民族传统体育正是在传统的农业型经济、高度统一的中央集权制，以及与此相适应的儒家文化的影响和作用下才逐渐具有了鲜明的特色。

在我国古代封建社会中，学校的教学内容大都以治人、济世为主，同时将脑力劳动与体力劳动分开，民族传统体育在这种文化背景下的发展是不均衡的。在封建统治者的统治下，只有养生、保健类体育项目得到了一定程度的发展，这使得大部分体育项目都追求养生和保健，而不是像西方那样强调竞争和对抗。因此，我国民族传统体育文化在一定程度上是对封建社会文化的反映。

第三节　民族传统体育的制度文化内涵

一、体育制度文化的概念

制度文化是指人类在物质生产过程中所形成的各种社会关系的总和。制度文化包含的内容有很多，如政治制度、经济制度、法律制度等，这些都是制度文化的鲜明反映。制度文化属于文化层次理论结构（精神文化、物质文化、制度文化与行为文化）的要素之一，对于整个社会的发展以及人们的日常行为具有一定的规范与约束作用。

在体育院校通用的教材《体育史》中，将体育这一社会文化现象划分为了三个层次：人们的体育行为与运动方式，支配、引导这些行为的观念与行为规范，以及人们为实现体育行为而形成的一定组织形式，即体育观念形态、体育运动形态以及体育组织形态。

综上所述，体育制度文化是促进体育发展和完善的观念和组织文化，是一种具有管理特征的复合型文化。

二、民族传统体育制度文化内涵阐释

（一）古代民族传统体育制度文化的特点

中华民族具有悠久的发展历史，古代民族体育的发展经历了一个产生、发展、繁荣以及衰败的过程。在整个发展过程中，古代民族的传统体育既经历了两晋、隋唐与宋代的繁荣时期，也经历了清末的凋零阶段。但总体来讲，我国古代不同时期的体育制度虽然存在一定的差异，但还是表现出明显的稳定性与一致性。

1. 夏—春秋时代

在这一发展时期，由于生产的发展、文字和学校的产生、频繁的战争、宗教制度的形成等，民族传统体育得到了一定程度的发展，并且进一步具体化了。融多种功能于一体的民族传统体育也逐渐呈现出分化趋势，具体体现在体育形式上，体现在军事、学校、娱乐、保健等方面，在学校教育中出现了专门的体育教学内容"射"和"御"。

2. 战国—两汉时代

到了战国时期，为了更好地参与战事，兵役制度开始在社会上广泛推行。经过一段时期的发展，贵族统治阶级对军事的垄断局面逐渐被打破，这也在一定程度上推动了我国军事体育的发展。另外，这一时期兵种的划分更加具体化，这对训练的方法也提出了一定的要求，专门分类训练成为主要的训练方式，从而在很大程度上推动了军事体育的进一步发展。随着军事体育的不断发展与具体化，娱乐体育也获得了很好的发展机会，社会上逐渐出现了很多受到人们喜爱的娱乐体育项目，如蹴鞠、围棋、射箭、弹棋等。

在秦统一六国后，建立了封建的中央集权国家。到了汉朝，由于"罢黜百家，独尊儒术"政策的实行，学校体育的发展出现了停滞不前的现象，具有娱乐功能的体育活动被大加批评，从而严重影响了体育的发展。不过，汉代对于"百戏"的发展十分重视，而在"百戏"发展、兴盛的同时，我国其他各项运动形式与竞技形式开始演进，这对于体育的进一步发展是极为有利的。在这一时期，由于统治者的支持，乐舞、方仙术以及行气养生术等也获得了很大程度的发展。

3. 魏晋南北朝—隋唐五代时期

我国古代体育的空前繁荣时期就是魏晋南北朝至隋唐五代这一历史阶段。古代体育之所以在这一时期获得了繁荣的发展，主要是因为这一时期各个朝代都废除了阻碍体育发展的体制，同时还实行了一系列推动体育进一步发展的相关措施，这就在很大程度上促进了体育的发展。

魏晋南北朝之后，传统儒学的"礼乐观"在玄学、佛学以及北方少数民族习俗的不断冲击下受到了一定的遏制，这就为传统体育的进一步发展奠定了重要的思想基础。

到了隋唐五代时期，在经济快速发展、政治稳定的社会基础上逐渐形成了全国性的传统节令活动。同时，这一时期以球戏与节令民俗活动为代表的休闲体育活动得到了迅速的发展。另外，唐代在武则天时期创设了武举制度，这在很大程度上促进了我国古代军事体育的发展，这使社会中逐渐形成了尚武的风气，再加上出现了融音乐、舞蹈、杂技等体育、艺术为一体的综合训练机构——教坊，从而极大地促进了唐代体育的发展与兴盛。

在这一历史时期，武术、养生等方面的有关理论也得到了很大的发展，从而进一步丰富了民族传统体育的内容。

4. 宋—清时代

在这一时期，由于受到宋明理学和"八股取士"制度的影响，重文轻武的风气逐渐在社会上盛行，这在一定程度上影响了体育的发展与进步。尽管如此，这一时期的军事体育与学校体育还是获得了一定的发展。

在宋代，当时社会上出现了专门的军事学校——武学，并且学校将学习内容细化，分为理论和实践两部分，此外还实行了严格的升、留级制度；在进行军官选拔时实行考试制。另外，这一时期在军队训练中实行了教法格、教头保甲制等，在构成了一个从上到下按统一规格训练的训练网的同时，对军事体育的发展起到了积极的推动作用。

武术运动在宋代以后呈现了一个很好的发展势头，并形成了一个比较独立的体系。同时，消闲娱乐体育在这一历史时期也有了进一步的发展，瓦舍就是这一时期进行各种娱乐、消闲体育活动的场所。除此之外，"社"的产生也在一定程度上促进了消闲娱乐体育的发展，如"英略社""踏弩社""园社""水弩社""齐云社"等。在消闲娱乐体育的冲击下，传统体育活动在自身的发展轨道上发展缓慢，无法冲破原有体系的束缚。

在宋代到清代这一历史发展时期，养生术、炼养术也逐渐成了一种运动保健与康复手段，并得到了人们广泛的认可与接受。另外，引导术也获得了进一步发展，同时还出现了八段锦和易筋经等。

（二）当代民族传统体育制度文化

中华人民共和国成立后，我国开始了一系列对民族传统体育的挖掘整理工作，同时民族传统体育项目逐渐向竞技对抗方向发展，进而形成了特有的民族传统体育制度文化，主要表现在以下两个方面。

1. 民族传统体育活动组织不断科学优化

目前，我国举办的一些民族传统体育活动，如全国民族传统体育运动会，是由国家体育总局和国家民族事务委员会共同组织的，国家体育总局和全国各省市的体育局是组织民族传统体育活动的领导机构。此外，由于民族传统体育项目众多，全国各地都组建了相应的项目协会，由它们来组织各地的民族传统体育活动。

2. 民族传统体育应向着竞技化目标发展

随着西方体育文化的进一步传入，人们在参与现代体育运动的过程中，充分地体会竞争带来的乐趣，在竞争中体验一定的成就感。现代体育竞技是在一定的规则下进行的，具有公平性，契合现代社会竞争的环境，让人在比赛中锻炼心理素质，为以后的工作做好准备。民族传统体育要想可持续发展，必须符合现代体育的竞技特征，只有这样才能被世界各国人民所接受。因此，建立具有竞技性和公平性的竞赛制度，是我国现代民族传统体育制度文化的发展方向。

第四节 民族传统体育文化的多元价值

一、提升民族凝聚力和民族间交往的价值

体育活动是一种群众性的社会活动，对于少数民族来说，又是一种民族性的活动。这种性质就决定了少数民族体育与其他文化要素一样，具有民族凝聚力；另外，民族体育作为一种综合性的民族文化载体，包含着共同文化、共同地域、

共同社区人们的生活方式、价值观念和审美情趣。因此，在广大的民族同胞中具有较强的凝聚效应。

从民族社会学的立场展开深入考察，我们发现民族体育活动的发展在各族人民的现实生活中原本就是一种社会群体性的集会手段，是人们完成人际交往过程的互助场所与中介。民族体育凭借独特的娱乐形式、健身形式以及竞技形式，在特定节日和社会氛围中，把身处各个偏远乡村的人吸引到特定地点，促使参与和观赏民族体育活动的人进行次数更多、更有深度的交流，增加民族内部和各民族之间的人际交流途径，在一定程度上消除各族人民在地理环境闭塞和社会文化不同的双重影响下产生的隔阂，为各个民族的人民创造情感交流与文化交流的良好环境，促使各民族之间的关系更加亲密、更加和谐，促使民族地区的经济和文化事业实现共同发展。

在人类社会，群集是人的本能。只有群集，人们才能相互交往传递信息、沟通思想、相互依存、共同发展。在古代，由于生产力水平低下，生存环境又很险恶，每个民族成员都无法凭各自的力量而独立存在。每个民族或部落都必须依靠集体的力量才能求得生存与发展。因此，团结在原始民族中不仅是一种美德，更重要的还是一个民族兴旺发展的条件。故而古人在猎获猛兽时或是在一定的季节便会聚在一起欢庆节日，祝贺丰收，其间自然少不了体育活动。久而久之，各民族就把这类具有重大意义和寄托民族精神的日子衍化为固定的节日，定期举行活动。这项活动不只是增加了民族凝聚力，还有助于增进各民族成员的交往，促使本民族的文化特点更加鲜明，有效激发人们的民族认同感。此外，有助于增进民族青年男女的交往，使得各族人民的婚姻幸福指数和人口质量都得到大幅度提升，由此体育活动可以大幅度增加民族凝聚力，推动我国各民族实现兴盛。

一些少数民族居住地处在偏远地区，自然环境对其交通产生了很大的制约，地理环境处于闭塞的状态，即便是一个民族的聚居地，寨和寨之间、村和村之间同样会受地理条件与交通条件的限制，密切往来的难度大大增加。为此，在农闲时间和民族节日时常常，这些地方会举行一些规模较大的民族传统体育集会或民族传统歌舞集会，为各民族人民密切交流创造了良好的社会环境。民族体育活动在娱乐性、竞技性、民族性的共同作用下形成了强大的吸引力，成功激励人们战胜交流不便和分散封闭的双重困难，尽全力跨越山川和流水汇集在一起。在氛围

第二章　民族传统体育文化的内涵与价值呈现

良好的娱乐活动中交流感情与技艺，在相互了解中实现相互认同，最终提升民族的凝聚力。

以彝族为例，其是一个古老民族，位于滇西北地区的外族，沿袭了一种名为家支的社会体系。无论是个人还是家庭，家支都能够发挥效果显著的约束力，家支内成员之间存在相互辅助的共同义务。彝谚中常言："缺不得粮食，离不开家支。"由此可见，家支在彝族社会中的凝聚作用十分突出。在之前，彝族家支成员主要采取两种集会形式，一种是家支成员开会商讨部族械斗等重大事件的集会；另一种是民族的祭祖、庆典和体育节日集会。随着时间的推移，彝族也取得了很多发展成果，人民越来越团结，彝族包括"打冤家"在内的很多落后习俗都相继消失，传统节日庆典与体育歌舞活动逐步演变成民族集会的重要内容。因此，彝族民间的节日"春节""插花节""火把节""十月年"等传统节日便成为民族体育、歌舞活动的庆典盛会。尤其是在火把节中，人们要举行斗牛、赛马、摔跤、射箭、歌舞等文体活动，赛场四周拥挤着数万名来自不同地区的各民族同胞。人们欢声笑语，尽情歌舞，通宵达旦地欢庆，这些文化活动不仅增进了民族内部的凝聚力，而且也促进了各民族同胞之间的团结与交往。

哈尼族主要聚居在滇南红河与澜沧江中间地带的山区、半山区。哈尼族分布的地区虽然山川秀丽、风景如画。但地形复杂、群山叠峰、森林密布，交通极不便利，哈尼族聚居的很多地方都存在相对封闭的问题。在哈尼族同胞中，每年农历六月栽秧后，要举行民族最为盛大的节日——"苦扎扎节"，该节的关键内容之一就是打磨秋。这不仅是哈尼族人民参与频率很高的文化娱乐活动，更是哈尼族男青年和女青年交往的重要机会。在哈尼族人代代相传的故事中。有关于磨秋十分美好的传说。在磨秋美好传说的影响下，每逢"苦扎扎节"，哈尼族人都会打磨秋。还有一个传说是，天上的七仙女来到哈尼族聚居的地方玩耍，她们上下交替的磨秋让小鸟一直笑个不停，随之唱起了令人愉悦的歌声。歌声让天神十分感动，于是就把快乐和幸福赐给了哈尼族。自这个传说被大范围流传，哈尼族人为纪念七仙女，每逢"苦扎扎节"都会通过打磨秋来表达对美好生活的珍爱之情。发展至今，尽管崭新的秋千架替代了过去的磨秋，但成双成对的青年人要推着磨秋前后各跑三圈，预示五谷丰登、人畜兴旺。就连新生婴儿也要由其父母抱着踩踩秋千，以求健康与幸福。由此可见，哈尼族传统节日的感召，民间传说的美好愿望，民族体育的娱乐功能汇成了一种特殊的凝聚力量，吸引十里八乡的民族同胞相聚一堂，共同参加打磨秋、荡秋千、摔跤、对山歌、跳"乐作舞""扇子舞""竹根舞"等活动，共享节日的欢娱，增进民族的凝聚力。

除此之外，少数民族参与人数多至上万人的活动同样有很多，其中知名度较高的活动有傣族的"泼水节"，苗族的"踩花山"，藏族的"赛马会"等，这些影响力颇大的活动不只是各民族人民交往集会的重要节日，还是人们参与民族体育竞技和表演活动的重大盛会。在整体氛围愉悦的节日中，民族体育活动不仅能制造节日的愉快氛围，同时还为各民族同胞的团结与进步构筑了坚固的桥梁。

对于部分民族同胞而言，民族体育活动也是单身男女选择配偶的重要方式，人们往往会在参与集健、力、美为一体的体育活动的过程中，来充分展示个人的体魄、体力、气质、胆略以及智慧。因为我国各族人民的婚俗礼仪往往存在很多不同，所以很多男女爱情都会从一见钟情慢慢演变成预约的筹划行为。体育文艺活动常常可以为青年男女创造相亲的大好时机和有利场所，处于这些环境中人们便于相互沟通相对微妙的情感。《云南游记》记载："每年春间，男女卜日跳舞，心愿者即成夫妇""彝女二、三月抛球，见美少年击之，中则结为夫妇。"由此可见，体育是人类社会交往众多方式中的一种。很多情况下，少数民族会在社会政治、经济、文化存在不同，这使得植根于各民族社会中的恋爱婚俗方式存在很多不同之处。采取哪些措施来促使本村寨和外村寨的青年男女进行交往甚至收获爱情，成为很多民族需要深入思考的问题。针对这些问题，各民族逐步形成了独特的交往方式和择偶方式。有些民族通过对歌等方式来为异性青年创造交往机会；有些民族则通过跳舞、射箭等方式来向异性表达爱意，包括体育、歌舞、游戏、劳动在内的各种内容共同组成少数民族各式各样的恋爱环境。综合分析人类的婚姻可以发现，人们对配偶的相同期许是漂亮、健康、能干。那些大型的民族体育节日盛会不光为青年男女提供了相亲场所，还对青年男女挑选适宜对象提供评价标准和评价手段。体育活动在体育竞技角逐的过程中最容易反映个体身心发展在群体中的优势与劣势。体育活动为青年男女找到心仪对象提供了很大的可能性，同时让青年男女在愉快的氛围中相互认识，慢慢从爱情过渡到携手走进婚姻的稳固情感。对于少数民族的体育活动来说，优胜者得到异性爱慕的可能性更大，在选择配偶时拥有更多优先权，婚姻幸福的可能性也更大一些。这种情况大大激发了各族青年参与体育锻炼的主动性，同时和优生优育的要求更加贴近，这对各民族的持续发展有很大的积极作用。

对于拉祜族（苦聪人）来说，占据首要地位的精神财富就是爱，勤劳勇敢是苦聪人最为崇尚的美德，是苦聪少女择偶的基础性要求。苦聪人在深山密林中狩猎的优势十分显著，射弩是他们狩猎生活中的一项基础性技能。射弩技能对苦聪人来说有重要意义，一方面，这是他们维持正常生活的重要来源，另一方面，对苦聪人中的男性婚恋生活是否成功决定性作用。在苦聪人中，如果男性青年在生活中颇为中意女性青年，想要向女性青年求爱，其第一步需要做的就是向女性青年的父母献上一只自己在大自然中用弩枪射猎的松鼠，所以说是否可以成功射到松鼠就演变成为男青年生活能力高低的重要标准，因此男性青年不得不采取各种方式来提升自身的射弩技艺，不然将会影响自己的终身大事。

阿昌族人数较多，主要聚居区是云南西南部的陇川以及梁河等县。"蹬窝罗"是在阿昌族中十分盛行的体育活动，这项活动与在乐器伴奏下边唱边跳的舞蹈存在很多相似之处，但其艺术性没有舞蹈那样明显，将其界定为侧重于腿部锻炼的体育活动更加贴合，其主要动作是旋转蹲跳，鲜明特征是运动量很大。"蹬窝罗"这项活动在阿昌族人民当中得到了大范围传播。

在盖新房、庆丰收等活动中都可以找到"蹬窝罗"的踪迹。"窝罗节"的举行时间是正月初四，每个村寨的人都会在这一天身着节日盛装。去窝罗场参加蹬窝罗活动。这种传统体育活动往往会演变成民族集会。"蹬窝罗"的主要参与者是青年男性和青年女性，通过各种各样的动作来展现自身的青春活力。

许多青年男女在窝罗场结缘并逐步拥有稳固的感情基础。分析阿昌族人民喜爱"蹬窝罗"的原因，一方面，其健身功能和娱乐功能尤为显著，另一方面，其人际交往功能十分显著。蹬窝罗把蹬和唱融为一体，借助锻炼身体的形式和情歌对唱来表达内心情感，与其他参与者进行深入沟通。可见，这种"蹬"和"唱"充分融合的体育活动在阿昌族中拥有十分旺盛的生命力，所以阿昌族人才踊跃参与。

除此之外，"抛绣球""丢包"是在我国西南地区居住的壮、苗、傣、瑶、布依、基诺等民族中常见的民间婚恋习俗，其历史源远流长。《云南游记》记载："彝女二、三月间抛球，见美少年击之，中则结为夫妇。"的少数民族早期的婚俗状况。

现代云南傣族在"泼水节"期间，男女青年要进行互掷"花包"这样一种类似体育活动的择偶游戏。

体育运动作为具备群众性的社会互动形式，促使人们接受特定体育规则与体育道德的规范性约束，使得社会人际交往的途径更加多样化，为人们构建积极向上的人际关系提供了很多便利。民族传统体育运动原本也是社会交往活动之一，其不仅能有效消除地理环境、生活习惯、文化传统给各族人民带来的障碍，还为我国各族人民进行情感交流和文化交流创造了有利的社会媒介环境。积极参与和发展民族传统体育和民族传统体育文化，对改善民族关系、推动民族地区经济交流与文化交流都有很大的促进作用。

就各种民族传统节日来说，其同样是各族人民体育文艺活动的大型盛会，人们可以在轻松的文体活动中相互交流彼此的技艺、文化以及思想，这对于国家统一与民族团结有很大的推动力。

显而易见，以上这些活动只是体育锻炼的项目，其意义比较简单，对人们产生的吸引力同样十分有限。然而，当其将民族的文化内涵、民族的节日集会都融入后，就可以为民族交往提供良好的场所，充当青年男女广泛接触、相知、相爱的有效媒介手段，其意义就会表现得非比寻常，对人们产生的吸引力同样会大大增加。

二、民族体育健身活动增加与民族健身意识提升的价值

（一）少数民族的体育健身活动和意识

分析少数民族的体育健身活动和意识可知，其不光是少数民族传统体育发挥基础性作用的本体，也是少数民族更好发展的本质。体育运动不但能使人的体能得到，而且能使人的体质水平得到一定程度的提升。深入研究少数民族的社会生活发现，提升身体素质有两方面的重要意义，一是个体需求，二是保证民族生存与发展的重要条件。在长期发展过程中，少数民族传统体育凭借十分鲜明的强身健体功能，被越来越多的人进一步发展和应用，进而让体育健身功能被越来越多的人重视和肯定，推动着民族传统体育不间断地传承和发展下去。因为各民族在地域环境、生活方式、生产手段、文化习俗等方面存在很大不同，所以我国各民

族在健身活动、健身方式等方面存在着很大的差异，这些形式多样、风格迥异的健身活动也是各民族在自然界顽强生存、战胜瘟疫、保持健康、强健身体的保障条件。

体育自身的特征和社会实际需求是决定体育功能的重要因素。体育运动是通过体育活动的方式来不断开展的，其要求人充当直接参与者，人们在愉悦身心的过程中承受特定程度的生理负荷，同时始终处于人的体力与体内运动能量物质从消耗到恢复再到超量恢复的循环过程中，有助于提升各族人民的体能水平和体质水平，较高体质水平是充分满足人类各种需求和发展社会生产力无法替代的物质基础，这些特点是民族社会生活中健身功能的决定性要素。包括土族轮子秋在内的各种民间传统体育活动，都拥有极为鲜明的民俗性与健身价值，各民族的民间传统体育活动在很多情况下会把体育和民族艺术性有机融合起来，将民族传统体育活动在健身和娱乐两方面的价值发挥得淋漓尽致，对各族人民在空闲时间合理锻炼、调节体力、调节精神产生了极大的推动作用，使得人们在氛围良好的体育活动中体会美，维持健康。因此，发展体能和增进健康是体育具备的一项本质功能，是高效实现国富民强目标的手段之一。

（二）民族传统体育在全民健身活动中的功能

《全民健身计划纲要》（以下简称《纲要》）由国务院颁布，主要目的是全面发展我国各个民族的体育运动，提高各民族人民的体质水平和人口素质，这关系到国家兴旺和民族强大。《纲要》全面肯定了民族传统体育在全民健身计划活动中的重要性和必要性，同时对民族传统体育的发展方向起到了指导性作用。

1.丰富多彩，方便选用

在数千年之前少数民族传统体育就已经出现，其是我国民族传统体育中弥足珍贵的文化遗产。少数民族体育项目绚丽多彩，运动形式具有多样性特征，少数民族的聚居区形成了多姿多彩、形式各异的体育活动。各项民族体育活动的特征各异，有些适宜在山区开展，有些则适宜在江河湖海中开展，还有一些民族体育活动则完全不受地理环境的制约作用，在任何时间、任何地点均可以开展。

在绚丽多姿的民族体育活动中，任何一项运动项目都表现出了鲜明的民族特色，一些运动项目突显趣味性特征，一些运动项目突显对抗性特征，一些运动项目则把力量摆在重要位置，但任何一项运动项目在增强体质和磨炼意志方面的作用都十分突出，是全民健身活动中变化多样、选择难度小的体育内容。

相关统计表明，民族传统体育活动多达数百个，同时共同构成了一个集庞杂性和群众性于一体的民族体育项目体系，使得各个民族地区能够结合当地的具体情况来选择切实可行的健身娱乐内容与健身娱乐方式，从而推动各个民族全民健身活动的健康发展。

2. 有成效地促进身心健康

民族传统体育项目对人的健康与身体素质发展都具备比较鲜明的实用性特征与针对性特征。例如，白族的登山运动对提升人的耐力素质和心肺功能有比较显著的成效；哈尼族的摔跤运动对增强人的力量素质与意志品质有比较显著的成效；傣族的跳竹竿运动对提高人体的腿部力量与动作协调性有比较显著的成效；佤族的爬竿对增强人体的上肢力量有比较显著的成效。此外，各民族中流传的民族武术与民族舞蹈，刚柔相济、动静结合、自然流畅，使全身上下协调运动，久练而不乏味，从而达到祛病健身、抗老益寿的目的。

3. 能够增加体育人口数，促进体育社会化

因为少数民族传统体育对广大群众有很大的吸引力，所以逐步形成了广泛的社会基础与鲜明的民族性。除此之外，少数民族体育不仅具备很多种类型，还具备广泛的适应性，也有很大的选择空间，有很多体育运动项目都没有对参与者的年龄、性别、体质水平提出限制条件。各族人民可以在兼顾自身年龄、身体状况、实际喜好的基础上挑选出和自身情况匹配的体育运动。

包括赛龙舟在内的多项民族体育活动凭借鲜明的竞技性和娱乐性，逐步发展成为跨越空间的运动项目，成功推广到我国各个地区。由于一些民族传统体育活动的操作性强、健身性强、审美性强，因此逐步跳出了起源地，逐步成为城镇职工与城市居民日常生活中的组成部分，演变成越来越多人的体育活动方式。

现阶段，在全国各大中型城市的群众性晨练环境中，很容易就能发现"跳秧歌"等健身活动的踪迹。这充分说明，民族体育活动借助自身的文化特征与价值，已经打破了民族地域与文化带来的限制，慢慢得到了各族人民的肯定和认可，在循序渐进的发展过程中成为民族地区城镇职工、居民体育活动的关键性组成部分。这不只是对进一步稳固体育锻炼队伍有积极作用，还对进一步增加参与体育运动的总人口有推动作用。

4. 节省体育投资，推进全民健身活动的发展

就现阶段来说，我国人均体育经费十分有限，体育活动的场馆数量和器材数量短缺的问题突出和广大群众参与体育锻炼的需求存在着很大的差距。在部分省份，依旧存在经济发展速度缓慢的问题，体育投资也随之产生严重不足的问题，在短时间内消除这种情况还有一定的难度。由此可见，我国应当把全民健身活动当成出发点，在各个环节都认真遵循因地制宜、因陋就简的原则，促使群众性体育活动在更大范围拓展。在此基础上，民族体育就能够发展成很多经济欠发达的民族地区经济性和实用性最强、推广难度最小的群众性体育活动。我国多个民族的生产生活环境是民族传统体育发展的源头，淳朴、自然和生活联系紧密、群众喜闻乐见都是我国民族传统体育的显著特征。民族传统体育的各项运动技术难度偏小，对场地和器材的整体要求偏低，一块平地、一片草地、村前寨后都可以充当很多民族传统体育项目开展的场所；很多民族传统体育项目的运动器材都是人们日常所用的生产工具和生活工具，还有包括竹、木、藤在内的各类自然资源，这对民族传统体育项目的开发和推广有很大的推动作用。民族传统体育精华荟萃，其活动形式和内容都呈现出了淳朴自然的特征，充分展现了民族文化和民族精神。

近几年来，我国民族传统体育的发展速度持续加快，民族传统体育对社会各界产生的影响力越来越大，已经逐步构建出我国群众性体育活动的主干。在持续落实全民健身计划的过程中，应当深刻理解和全面发挥民族传统体育在全民健身活动中的长处与影响力。我们应当对民族体育的形式与内容实施深入挖掘、全面整合、大力改革、有效发展，大幅度提升民族传统体育的科学化程度和社会化程度，推动民族传统体育达到面向世界、面向现代化的目标，推动民族传统体育活动更好地提升各民族人民的体质水平。

5. 推进学校体育和民族体育接轨发展

学校作为一个关键场所，不但能向学生传授体育知识、体育技术、体育技能，而且能推动学生实现德、智、体、美全面发展。在现阶段，对于我国的部分偏远山区来说，学校的办学条件依旧十分艰苦，体育场地短缺和体育器材短缺的问题尤为突出，另外体育师资力量薄弱依旧对民族地区学校开展各类体育活动造成了很大的限制，对民族地区学校体育工作的顺利开展产生了很多负面影响。

为此，现阶段需要密切联系各民族赖以生存的自然环境条件，在深入研究各

民族人民生长发育规律与体质健康发展规律的基础上，科学、合理地挖掘和整理一些民族体育活动项目，在当地学校的校本课程中融入传统的少数民族体育项目，由此编成和各民族地区学校实际需求相吻合的体育教材或乡土体育教材，在各民族地区的学校展开大范围的宣传和推广。这样做的积极作用是有效缓解体育资金不足、体育场地短缺、体育师资薄弱三方面的问题，结合当地学校的实际情况开展适宜的体育活动，更好地传承和弘扬民族传统体育，为传承、保护、发展民族传统体育贡献力量；改变我国学校体育中仅以现代体育为主，加大对民族体育的发展利用，使民族体育与现代体育在我国的学校体育中比翼齐飞。

三、发扬各民族地区教育的价值

在人类体育中，体育是一个尤为重要的组成部分，原始社会是体育发展的源头。在远古时期，人类的教育和体育还处在萌芽阶段和混沌状态，教育和体育表现为融为一体的状态。由于原始社会存在语言和文字发展的局限，因此人类传授生产技能和生活技能往往是把人体活动当成教育的内容和重要方式。

体育和教育都是人类社会目的性强的培养人的活动，从全局角度来分析，两者在人类的进化和发展过程中发挥着极为重要的作用。尽管体育和教育在不同历史阶段的侧重点存在着很大的差异。有的历史阶段侧重于体育，将体育设定为富国强民、对抗外敌、征服自然的重要方式；有的历史阶段则重教育，提出了人类智慧来自教育而非体育的观点；有的历史阶段则把体育和教育融合在一起，提出了体育和教育相互结合是人类持续发展的必然要求。然而，不管体育和教育的发展走向是怎样的，两者一直都会是承载人类意识活动的重要载体，一直都是人类目的性、计划性强，不断完善自身的重要活动。

除此之外，在人类社会实践活动中形成的体育和教育，在人类对其理解程度和挖掘程度不断加深的情况下，体育和教育充分发挥了自身具备的多元价值，在人类不断满足发展需求的过程中扮演了工具的角色。第一，人类在各项劳动中的实践活动是人类战胜猛兽的本能转变为狩猎能力的结果，是人类把生产中的基本活动转变为相互竞争与提高实力的实际能力，人类对不同身体活动的需要为体育形成与发展注入了很大的推动力；第二，人类在精神文化、道德规范、伦理信仰多个方面的追求也推动了教育的产生和发展。由此可见，体育和教育就是人类社会有意识地培养人的一种活动。

分析人类社会的开始阶段可发现，人类的抽象思维水平普遍偏低，人类还没有能力准确分辨作用相同或作用相似的一些事物，如人类无法准确分辨体育和教育，人类在早期社会把体育和教育混为一谈的情况也是一种必然现象。由于人类的文字、语言、符号等方面都存在局限性，因此造成人类只可以借助自身的身体行为来向他人说明自身感受以及具体需求，与其他人有效交流、密切沟通，协同完成维持生存所需要的活动，这种情况使得体育逐步变成了尤为关键的教育内容。

深入剖析我国很多少数民族的体育活动发现，一部分运动技能原本就属于人类具备的生产技能和生活技能，如蒙古族的赛跑等项目，各族人民在完成体育活动时，就肩负着向子孙传授生产技能和生活技能的职责。例如，拉祜族芦笙舞的很多舞蹈套路都是对犁地、割谷子等生产动作进行模仿的结果。有很多少数民族的先辈也对民族传统体育活动的思想教育因素实施了深层次挖掘，从而提高为后代开展社会道德规范教育的实际效果，由此使子孙后代慢慢具备良好的民族心理品质。

对于学校教育来说，建议将部分民族传统体育活动引入民族地区的小学和中学，一方面可以让当地人民意识到传承民族体育文化的重要性，为民族体育不断发展贡献力量；另一方面可以使民族地区学校体育场地器材短缺的问题得到有效解决，促使体育教学内容更加多样化，促使民族地区中小学生身体和意志得到充分锻炼。

四、丰富各族人民精神世界的价值

自娱性与娱他性是民族体育娱乐性的主要内容，民族体育的娱乐性可以让运动者与观赏者凭借民族传统体育活动来真正体会运动过程中的快乐和美。在现阶段人类物质生活水平不断提高，空闲时间有增无减的情况下，体育运动慢慢成为广大群众休闲娱乐的一项重要内容。民族传统体育活动不光拥有竞技性，其娱乐审美价值同样极为显著，所以才能在世界各国人民中大范围推广。当我国各民族致力于提升民族传统体育的娱乐价值、审美价值、文化品位后，民族传统体育就会在各族人民中深受欢迎。

在合理比较后得出，娱乐性体育活动从形成就具备现代体育运动的心理机制和行为模式。当人们在生活中得到或者引发一种兴奋情感后，就会充分发挥这种情感的推动作用，凭借身体的运动来向他们说明内心的想法，或者使激动情感得以消除，最终达到娱乐目的。

如果说少数民族在十分复杂的生活环境中逐步形成了存在祈求生存色彩的早期体育项目，那么少数民族先辈得到生存机会后，他们的内心产生无法抑制的激动情绪，把人们内心的欢快表现得淋漓尽致。在这些场景中，人们往往会情不自禁地舞动手足，同时常常会产生回顾艰难历程的情景，向其他人展现获得的奇特生存技能，如老鹰捉小鸡等。这些表达人们内心情感的表演是先辈的生存技能，同时已经渗透在竞技色彩和娱乐色彩浓厚的体育运动中，人们能够在获胜后证实自己在求生过程中的高超能力。

分析哈尼族在"尝新节"的爬山活动、猎射活动、跳跃活动可知。他们在内在心理、活动目的、活动方式三个方面都不存在功利性，仅仅是以此来宣泄内心的情感，这些只是充当了一种娱乐性活动。居住在迪庆高原上的藏族人民往往具备较高的骑技，他们选择在马背上得到生活情趣的做法充分展现了草原地区的特色，同时藏族的"姑娘追"作为一种不追求输赢的竞赛运动，同样是藏族人民得到内心愉悦的体育项目之一。

综上所述，可以总结出我国各个民族在生活中形成的娱乐性体育活动具备的特征。

①活动的全过程都在着重反映激情，并没有刻意让每项动作达到准确性要求或实用性要求。例如拉祜族人在参与"蜡河毕"活动时，因为活动本身是游戏性的，所以参与者不会刻意关注参与者的动作是否准确，或者具体的运动方式在实际生活中的作用有哪些，举行活动的目的只局限于娱乐与消遣。一般情况下阿昌族的武术比赛同样表现出侧重于抒发激情的特点，没有可以突出形式与实用效果的作用。分析阿昌人不同类型的拳棍术可知，拳棍术不仅无法应用在对打的实践活动中，同时未能形成严格的套路，参与者着重表达的是内心情绪的形体再现。

②娱乐性体育活动不含显著的功利性目的。在许多娱乐性体育活动中，人们追求的不是内心的祈求，也不是实际的胜利，亦不是实际物品的获取。整个过程及活动目的都只是单纯娱乐。例如各个民族中都普遍盛行的掰手劲活动，虽是对抗性较强的竞赛，但无实际的功利意味。又如基诺族人在节日期间喜欢开展顶竹

竿比赛，他们并没有在形式方面和心理方面存在功利诉求，他们参与活动的目的并不是想要得到具体的结果，如比赛奖品等。人们之所以参与这些活动都是旨在实现身心愉悦，此类单纯的心境在其他体育活动中是不常见的。

③娱乐性体育动作在模仿中富有诸多的创造性元素。许多少数民族在节庆、闲暇之时开展的体育活动，其是以娱乐为主的。因此，他们在具体的体育动作中，可以在基本的动作规范内任意发挥想象，加之许多模仿性的动作形态，使传统的体育动作变得异常生动、随意，富有生活的情趣。这里我们以几种项目的行为变化为例。

彝族的摔跤具有悠久的历史。彝族在云南山区的分布较广，各地彝族民间对摔跤起源的传说不一。因而，他们在各自遵循传说下举行的摔跤形式也不相同。位于红河北岸的滇南彝族，相传他们在古代是借助频率很高的身体扭动或相拼欲绝的特性来向天神展现祈求的诚意，从而让天神被其感动，最终达到天神庇佑的目标，所以彝族人民的摔跤活动被纳入祭神仪式的一个组成部分，在祭祀天神和表达部分祈求时才会举行。分析参与摔跤活动的彝族人民可知，参与者的动作往往会表现得十分粗犷，很多情况下表情都是痛苦状，同时不会刻意强调摔跤动作的技巧，摔跤场地往往会传达一种森严神秘的感觉。

武术是56个民族都有的传统体育运动，武术起源的因素包括多个方面，如战争因素、农事和狩猎生产因素、模仿动物形态的因素、祭祀典仪的因素等。然而，当逐步形成各类武术动作的各族文化融为一体后发现，不同套路中武术形态的一大部分都是娱乐性的。人们多在节庆时间举办武术活动，以增添节日的欢乐气氛，这时的武术动作较多地模仿动物动作，较多地以夸张性手法将动作做得形态各异，以达到娱乐的效果。

除此之外，从部分武术套路及动作的名称中也可看出这种主要以娱乐为核心的体育活动的特点，如喜鹊拳、龙掌拳、打地拳等。与此有相同形式的其他体育项目还有老熊抢石头、走子棋、类火果、绵羊拉绳等。

从根本上说，我国各个民族体育形态的萌发都包含相当复杂的因素。和他们在早期社会中无法清晰界定具体类别是一样的道理。上面提到的早期体育项目也不只是在特殊环境中才存在产生的可能性。采取这种分类方式的目的只是为了给叙述提供便利。就一个同样的动作而言，摔跤与挥刀并非只用于祭祀、狩猎、战争、采集等多个场合，它们在这些场合中都是人们求生的重要方式。由此可见，倘若我们只是将早期体育的形式归为"劳动""宗教""娱乐"等，则将无法精准体现人类体育运动在发展之初的情况。由此可知，人类早期生活中的内容和生存技能并非有序产生的，也不是在单一环境中形成的，而是多向练就的。由此可知，民族传统体育活动在最初之所以可以形成，是因为先辈在早期生活中对物质文明和精神文明不断积淀的结果。

毋庸置疑的是，上面提及的"早期体育"和现代体育的本质属性有很多不同之处。深入剖析"早期体育"可以发现，其没能在练体、娱情、竞胜利等层面产生明确意识，其仅仅是不自觉的肢体舞动，表现出的运动行为是在人们强烈求生心理的作用下产生的，所有类型的动作均是不具备规范性特征和尚未定型的自然姿势，所以该阶段的体育又叫"早期体育"或"体育的萌芽形态"。

就娱乐功能来说，体育运动凭借绚丽多姿的竞技性、游戏性以及艺术性，使得自身逐步具备了十分鲜明的自娱功能与娱人功能。人们在空闲时间参与体育运动，往往有助于其保持精力充沛、身心愉悦的良好状态，由此将自身的体型美、运动美以及体能表现得淋漓尽致，使自身在心理方面的具体欲望得到满足，促使人们的社会文化生活更加多样化。这里所说的娱乐功能是推动民族体育产生与发展的一项重要动力。交通不便利的山区和河谷等地是少数民族居住的主要地区，在闭塞居住环境的限制下，很多少数民族的人民与外族或外界的接触有限。在这种发展速度较慢、淳朴自然的环境中，维持生活和勤奋劳作都是必不可少的，同样需要有文化娱乐活动充分满足人们的生存需求、发展需求以及享受需求。

民族传统体育活动就是在逐步适应人类身心需求的趋势下产生和发展的，同时慢慢发展成少数民族积极参与的休闲娱乐方式，对人的心理情感调节作用，促使人们的内心更加充实，使人们在愉悦身心的活动中感受体育文化的正面影响，感悟人类生活的重要价值。

在各民族文化和科技稳步发展的情况下，社会经济呈现出一派欣欣向荣的景象，各族人民的生活水平表现为不断上升的趋势，人们的空闲时间持续增加，民族传统体育活动将会慢慢成为构成各族人民社会生活的一个关键部分，为个体、家庭、社会带来更多快乐。

五、发扬民族传统体育文化的经济价值

我国文化宝库中有一颗绚丽多彩的明珠，即民族传统体育文化。对于民族文化来说，民族传统体育文化是一种特殊的存在方式，民族传统体育文化在我国各族人民的社会生活中发挥着特殊的社会功能与经济功能，在现阶段，社会不同阶层已经更加深刻地认识到民族传统体育文化的社会功能，但许多人还没有清晰认识到民族传统体育文化的经济功能。但是，民族传统体育文化在各民族人民的社会实践中确实具备经济功能，同时在我国社会主义市场经济不断发展的情况下，民族传统体育文化会对各民族的社会进步和经济发展产生更加显著的作用。

（一）提升劳动者素养，提高社会生产力

在很久以前，渔猎、游牧、农耕、养殖业在我国少数民族社会经济活动的众多内容中占据主导地位。因为体力劳动在不同类型的生产活动中占据很大比例，所以人们的身体素质与生产技能是全面发展民族经济的重要因素。

经济学理论明确提出，生产力的三项要素分别是劳动者、劳动工具、劳动对象。三项要素中最活跃最积极的是劳动者，劳动工具由劳动者创造与使用。

大范围开展少数民族传统体育活动，对劳动者身体素质有明显的改善作用，也有助于劳动者在活动中高效学习各项劳动技能。

（二）民族地区经济贸易活动的互动

我国很多少数民族的传统节日盛会都会积极开展各式各样的民族民间体育活动，同时大规模的民族经济贸易活动同样会在这个时间段举行。各式各样的民族民间体育活动和民族经济贸易活动不仅对我国各民族的商业贸易经济往来有很大的推动力，而且对民族地区经济贸易事业的健康发展同样有很大的推动力。

例如，"三月街"是白族的传统节日。发展至今，"三月街"已经慢慢演变成集民族体育、文艺、娱乐、经济贸易活动于一体的民间传统集会。适逢每年的"三月街"，会有来自我国不同地区和世界各地的人们观赏多种民族传统体育文艺表演及比赛。在相同时间段内，"三月街"还会积极组织大规模的商业活动。各类活动的成功举办不仅扩大了"三月街"的参与范围，还扩充了民族文化地域的概念，同时使"三月街"在国内外的影响力的增加，对其所在地以及周边地区的民

族经济发展注入了强大的生命力，所以"三月街"又被人们誉为"洱海边上的广交会"。

地处我国西南门户的畹町、瑞丽等地区被设定为国家级口岸，居住在这些地区的傣族、景颇族以及德昂族等，和东南亚国家的部分民族在族源上比较相近，所以在生活方式和文化习俗上存在很多共同特点。在傣历新年到来之后，人们要举行盛大的"中缅胞波体育狂欢节"，以及规模较大、参与人数较多的泼水活动和赛龙舟活动。在节日期间，来自不同地区和国家的人会相互泼水祝福、观赏不同类型的民族体育文化活动。大规模的经济贸易活动促使我国和周边国家的关系朝着更好的方向发展。

（三）以国内外民族体育竞赛活动推进经济快速发展

分析人类诸多文化现象可知，体育是最容易沟通人们的思想、最容易让人们形成共识的社会文化形式，所以体育被当代人置于越来越突出的位置。

奥运会已经演变成规模最大、影响范围最广的世界各国人民的大型体育盛会。在民族体育国际化发展走向日益鲜明的背景下，各个国家关于民族体育活动的交流越来越频繁，民族传统体育活动往往会与经济贸易活动融为一体，对区域经济健康发展创造有利条件。

当前，我国积极倡导通过民族体育竞赛活动来推动地区经济发展。例如，山东潍坊市从 1984 年开始，每年都举办地区特色鲜明的国际风筝大赛，参赛队伍来自很多国家和地区，同时会举行大规模的经济贸易活动，成交额表现为不断上升的良好趋势。

截至当前，全国少数民族传统体育运动会已经逐步演变成了少数民族地区推动基础设施建设、推动经济社会发展的大好时机。这些发展情况都进一步彰显了民族体育活动在现代社会经济发展中的重要作用。

（四）以体育产业与旅游业推进民族经济快速发展

20 世纪 80 年代之前，我国只提出了体育事业的观点，还未形成体育产业的概念。体育事业的含义大体由两个方面构成：一方面，体育事业就是人们从事的已经确定目标、规模、组织、系统的活动；另一方面，体育事业是指体育部门等绝大多数机构都要接受国家机关领导，由国家财政提供有关经费。1985 年，国务院颁布《国民生产总值计算方案》，根据三类产业的分类标准来划分国民经济，同时将体育产业列入第三产业类属，体育产业的概念在我国应运而生。体育产业就是从事生产与经营体育服务产品的工作，让广大群众的健身需求、娱乐需求、精神需求得到满足的体育部门与体育机构的活动。在 1995 年初举行的全国体育工作会议上，国家体委指出推进体育产业化是我国体育改革发展的重中之重。在此基础上，我国体育产业正式走上正规发展的道路，民族传统体育也正式走上产业化发展与社会化发展的道路。

从根本上说，民族体育自身同样具备很大的商业价值潜力，如民族体育的竞赛与体育表演、民族体育器材、民族运动会期间的门票等均具备特殊的经济价值，对推动社会经济发展具有深远影响。

当前，我国少数民族体育产业越来越向规模化、集约化、产业化的方向发展，各民族地区相继制定了当地民族体育产业发展的科学规划，同时把具体规划纳入国家"富民兴边"工程计划内容。我国需要全面整合和开发少数民族的体育资源、自然环境资源以及人文资源，对民族传统体育文化资源实施深度挖掘。全面利用以及大力开发民族传统体育文化资源，对少数民族体育旅游业进行高效发展，致力于打造在国际社会具有知名度的少数民族体育产业基地以及产业集团，对推动民族地区经济社会发展和致富工作的全面开展具有显著的积极作用。

六、增加民族传统体育竞技水平的价值

竞技性是体育文化的精粹与魅力所在，竞争取胜，超越自我，战胜对手，"更高、更快、更强"是体育精神的本质。体育的游戏性和娱乐性主要是通过体育运动中比赛双方竞技的形式来体现的。为此，体育竞赛能成为全人类最易接受的"国际语言"，能为不同的社会制度、意识形态、宗教信仰、文化传统的世界各国人民所理解、所接收、所关注。因此，现代竞技体坛逐步发展成了世界各国人民进行体力较量、智力较量、国力较量的国际性舞台；竞技体育水平同样演变成判定和权衡国家实际国力、人民体质水平的一项关键性标志。分析我国部分民族的传统体育活动发现，这些传统体育活动本来就具备较高的竞技价值，它们向人们展现出的运动形式特征以及向人们提出的体能素质要求和其他国家的一些现代竞技体育项目存在许多相似点。例如，科学革新射箭项目与摔跤项目，对这两个项目

的参与者实施科学指导和培训,就可以向国家体育事业输送一大批综合素质较高的少数民族体育人才。

近些年来,各族人民都为我国体育事业的发展贡献了很大的力量,先后出现了很多少数民族运动员以及运动健将。由此可见,倘若我国把开发少数民族传统活动中的竞技功能摆在突出位置,把融合民族传统体育和现代竞技体育当成一项重要工作,对我国少数民族人民的身体遗传优势、自然环境优势以及社会人文优势展开深层次挖掘,则将会对我国体育事业的发展形成很大的推动力。

第三章 民族传统体育文化的渊源

本章介绍了民族传统体育文化的渊源，主要包括三个方面的内容，分别是民族传统体育文化的本源、民族传统体育文化的起源、民族传统体育文化的发展。

第一节 民族传统体育文化的本源

中华民族传统体育文化是我国各民族在长期生产和生活实践中积累起来的具有一定体育内涵与外延的文化形式，是我国民族文化的重要组成部分。民族传统体育文化在民族发展过程中有着特殊的作用，其深层文化内核是民族价值的认同、民族向心力的凝聚，以及民族精神的纵向复制。近代以来中国体育文化的发展历经坎坷，使中国传统体育文化身份一度出现了辨认上的危机，再加之城市化和经济全球化进程的影响，我国民族传统体育文化的发展日渐式微。作为中国文化的重要组成部分，民族传统体育文化的传承与传播不仅关系着民族传统体育的发展，更关系着民族文化基因的传承。

一、民族传统体育文化的源头与社会结构

文化研究界通常把农耕文化、游牧文化和商业文化作为人类文化的3个源头。由于特殊的地理环境，我国的文化发展是以农耕文化为源头的。我国位于欧亚大陆东部、太平洋西岸，领域的大部分处于中纬度地区，不仅地形多样，而且大部分领域季风气候发达，四季分明，非常适宜人类的居住。在这样的自然环境下我国诞生了以农业文明为基础的社会生产和生活方式。

殷墟的甲骨文中就有关于"农耕作为主要生产方式"和"稻、麦、桑、蚕、稷"等的记载，先秦时期民间流传的《击壤歌》中也有"日出而作，日入而息，凿井

而饮，耕田而食"的记载。自此以渔、樵、耕、读为代表的农耕文化成为我国文化的基础。农耕文化促使人们形成了精耕细作、自给自足的生产方式，铸就了人们内敛、吃苦耐劳的文化精神。

农耕文化的优点在于勤俭耐劳、自强不息。这样的文化背景孕育出我国的民族传统体育文化特点，即崇尚天人合一、人与自然和谐统一。在我国传统体育项目中许多都是从农业生产劳动中演变而来的，苗族的"走独木桥"就是从采野果的劳动中演变而来，而生活在海南的黎族人民开展的体育项目"跳竹竿"则是为了提高采竹和伐竹的速度而产生的体育项目。我国传统体育文化很少有挑战自然、战胜自然的文化元素。这一点在我国诸多民族传统体育文化项目中均有不同程度的体现，比如武术、舞龙、赛龙舟等。武术的理论基础是中国传统文化，其许多技术原理和修炼方法来源于天人合一和自强不息、谦虚谨慎等传统道德思想。而舞龙和赛龙舟等的源头则是祭祀，人们通过这种运动形式来敬神、娱神，祈求风调雨顺、国泰民安。

较为封闭的农耕文化状态形成了中华文化以儒学为基点的内陆性文化体系。在儒家思想的影响下，形成了以"仁"为核心、崇尚"三纲五常"和中庸之道的处事准则，这种价值观表现的处事特征是唯祖训是从，生活特征是不作过分要求，行动特征则表现为安居中游，即所谓的人格上的君子、思维上的中庸和行为上的礼仪之道。因此，在我国的传统体育文化中是不崇尚竞技的，这一点与西方体育文化有着显著的区别。西方现代体育以古希腊文明为源头，希腊属于多山地形，可耕种的土地较少，但岛屿众多而且港口优良，促使古希腊人依赖海洋商业，形成了以商业文化为基础的文化形式。海洋性的自然环境与城邦式的政治单位，使古希腊人民形成了崇尚自由与冒险精神和外向、张扬、敢于向自然挑战的性格品质，其处事特征为不畏权威，生活特征是不安现状，行动上的特征则是积极进取，由此形成了崇尚竞技和竞争的思维意识，比较而言我国是重过程、轻竞技的思维方式。

构建在农业文明基础之上的社会结构使家族本位和家国一体成为传统社会文化形态的主要特征。在传统的农业社会下家庭不仅仅是生活的单位，更是参与农业劳作的生产单位。传统概念中家庭不仅仅代表着一家一户，还要向外辐射形成为"家族"。传统社会的家庭往往以父亲为主轴，整个的庞大体系形成了家族。

在中国社会，人与人之间的关系是依靠血缘关系维系的，因此梁漱溟曾做出"中国社会既不是人本位的社会也不是社会本位的社会，中国社会是关系本位的社会"的论断。而费孝通先生将这种社会关系形象地称为"差序格局"，就像石块投入水中后，会以石块投入水中的位置为圆心，向外由近及远地产生一道道平行的圆形波纹。这些波纹像社会结构中的关系网一样，每个人都能以自己为圆心由近及远依次推出亲人关系、熟人关系和生人关系的差序格局。

中国的传统体育文化传承同样是建构在宗法制度基础之上的，传统的师徒关系就是一种模拟的血缘关系。入门的徒弟首先要向师父递上拜师帖，然后要组织拜师仪式，在仪式中要向师父和师母敬茶叩拜。一系列仪式的结束表示已经加入师门，模拟的血缘关系正式成立，所谓"一日为师，终身为父"就是这个道理。此后师父不仅要传授弟子技艺，还要关注徒弟的为人处世，甚至把关定夺终身大事。在师门的序列中严格按照传承谱系，以师父为主轴，师父的师父称为师爷、师父的夫人称为师母等。在这种血缘关系的约束下形成了本门技艺的传承规则，即"帮规"或者"门规"，如"不传师门以外的人""传男不传女"等。这在一定程度上制约了传统体育项目的横向推广，同时在某种程度上也影响着民族传统体育文化的纵向传承。

我国古代少数民族多居住在以中原为中心的地理环境复杂、恶劣的周边区域。少数民族妇女在与自然环境、社会环境相抗争，在人类历史发展的长河中做出了卓越的贡献，涌现出无数杰出人物，例如在民族纷争的古代战争年代，大多数少数民族男人和女子都要接受军事训练，如历史上的"辽、西夏、金、大理辖区及宋辖少数民族居住区妇女有权参与政治、军事、文化等各种社会事务"，因而对社会的贡献也较大。代表性的人物有契丹族女子萧太后，从小就擅长骑马和射箭，这为以后她"亲御戎车，指麾三军"奠定了基础。沙里质、阿鲁真、完颜仲德之妻等都是擅长军事政治的当之无愧的女中豪杰。她们对少数民族妇女军事性传统体育的发展起到了重要作用。虽然当时没有明确的体育之称，但对于民族传统体育项目的发展与传承还是有积极作用的，有些项目一直延续至今，如壮族传统体育项目中"板鞋"运动，原是壮族女总兵瓦氏夫人训练士兵的方法。

在古代，少数民族妇女多不缠足，广泛参与社会劳动，如"贵州少数民族中苗族、布依族、侗族、水族等的传统文化中，都有女性始祖崇拜，妇女在家庭、社会中占有一定的地位"。我国南方少数民族"女劳男逸"是一种较为普遍的社会现象，与汉族"男耕女织""男主外，女主内"，女性仅从事辅助性劳动，男性主宰社会经济、政治生活的情况迥然不同，少数民族妇女在社会生产劳动中，参与了几乎所有的生产劳动，扮演了不亚于男子的角色。农耕方面，在湘西，"苗耕，男妇并作，山多于田，宜谷者少"；在鄂西，"邑田少山多，男女合作，终岁勤动，无旷土亦无游民"；在岭南黎族，"妇女们专门从事稻田的插秧、'山栏'地的播种，及以后的除草、收割、储藏、加工等重要工作"。在纺织、商贸等活动中少数民族妇女的作用也是突出的。生产、生活本源性是民族传统体育产生、发展中的又一重要因素，不难推想，女性直接参与生产劳动，具备了体育文化传承和发展的外部条件，女性成为保护和传承民族传统体育文化的重要载体，少数民族妇女在传统体育文化活动的参与与传承方面具有积极作用。

二、民族传统体育文化的传承力量与文化规训

精神世界的形成是人类与动物的区别之一，人类精神世界的形成标志着人类开始摆脱蒙昧，开始有了对外界事物的审美和崇拜。人类最早出现的是对自然的崇拜，随后图腾崇拜开始出现。起初的自然崇拜是一种典型的泛神崇拜，自然界中的山川河流、花草树木、飞禽走兽、雷电风雨等都成为人们的崇拜对象，随着社会的发展，一些地区的崇拜开始集中化，逐渐以蛇、鸟、虎熊、狼等动物以及竹子、树木等植物作为崇拜对象。

在远古时代人类通常认为人类的起源与某种动物有着密切的联系，于是产生了各种图腾崇拜。侗族就将蛇视为图腾，而苗族人将犬视为图腾，西南地区的白族则以虎、鸡和龙等作为图腾，西双版纳的布朗族将蛤蟆和竹鼠作为图腾，北方的鄂伦春族则以熊作为图腾。每一个图腾崇拜的背后都有一个传说。西双版纳的布朗族崇拜竹鼠图腾，是因为传说中竹鼠曾经为布朗族找过谷种，并给布朗人带来了粮食的丰收，所以，布朗族认为竹鼠代表祖先的魂灵，每年都要先抬着身上带有鲜花的竹鼠绕寨一周，再祭祀家神，最后才能个人食用。在鄂伦春族也有这样一个传说，一个猎人在狩猎时被母熊掳走，被关在山洞里与母熊诞生了一只半人半熊的动物，一天猎人趁母熊外出狩猎之机逃走了，母熊一气之下将这个半熊半人的动物撕成两半，像人的一半就成了后来的鄂伦春人。

随着祖先崇拜活动的发展和原始宗教的产生，远古时代的先民为了表达对神灵的崇拜开始出现祭祀活动，并常常模仿某种动物进行舞蹈以达到敬神、娱神的目的，于是原始的民族传统体育活动开始萌芽发展。在我国少数民族地区流传甚广的萨满教就是原始宗教之一，萨满教中的巫师被称为萨满，在请神、祭祀、祛病等活动中都要进行舞蹈并手持抓鼓等法器进行伴奏。后来这种起源于宗教仪式的萨满舞被一些健身舞蹈所吸收，今天蒙古族的《安代舞》、满族的《单鼓舞》、锡伯族的《抓鼓舞》都是从萨满教仪式中演变而来的。自然、灵魂和祖先崇拜构成了民族原始崇拜的基本体系和中国文化的重要起点，由此诞生了我国项目繁多的民族传统体育文化形式。在对龙图腾的崇拜过程中就诞生了舞龙运动，其目的是祈求风调雨顺、国泰民安。舞狮运动的目的是驱凶纳吉、祈求平安。端午节进行的龙舟运动是为了祭祀爱国诗人屈原。傣族的泼水节寓意参与者之间的相互祝福。蒙古族在那达慕大会上要举行"男儿三艺"，即射箭、骑马和摔跤比赛，胜利者被称为"赛音布和（英雄）"。朝鲜族的跳板运动中，如果女孩参与出嫁后就不会难产。维吾尔族"达瓦孜（高空走钢丝运动）"是为了纪念英雄乌布力为民除害的贡献。东乡族的"要火把"活动是为了祈求五谷丰登。侗族和壮族举行的"抢花炮"比赛，寓意获胜者会连年五谷丰登，通常胜利的村寨也是姑娘向往的地方。民族传统体育文化在人类社会发展过程中起到了特殊的作用，其本质已经超过了表面上的竞技形式。在纵向的传承和横向的传播过程中图腾崇拜和宗教信仰起到了内在精神力量的支撑作用，民族传统体育文化得以孕育和传承。

山地与丛林、海洋与岛屿、平原与大漠（或草原）构成了人类生存的地理环境，我国的版图东临太平洋，北接西伯利亚大草原。我国是一个多民族国家，不同的民族的地理环境、文化资源、社会习俗、生活方式、图腾与宗教信仰均有所不同，由此产生了不同的地域文化。中原、荆楚、巴蜀、岭南、湖湘、吴越、松辽、晋、徽、关陇（三秦）等多元文化区域构成了我国多元的民族文化特点，但是中国民族文化又是同属于中华文化的范畴，因此，我国文化呈现了"一体多元"的态势。

我国民族传统体育文化也同样呈现这一特征。我国的民族传统体育文化的形成还深受不同的地域与宗教文化影响，在不同的文化背景下形成了绚丽多彩、风格各异的文化表现形式。水草丰盛、地势平坦的蒙古高原铸就了北方少数民族以游牧为主的生活方式,骑马、射箭和摔跤等也成为他们生存的基本技能,因此,骑马、射箭和摔跤被蒙古族被视为"男儿三艺"。而生活在亚热带地区的壮、苗、彝等族,在山林河谷遍布的生活环境中练就了窜蹦、跳跃和攀爬等本领,从而衍生出了诸多体育项目。

由此体现在体育项目也存在诸多的地域文化差异。我国的武术项目就有129个拳种,不同的拳种之间也存在着技击术本身及文化规训的理论背景上的差异。我国北方地势开阔,且北方的人身材较为高大,在拳术表现上形成了大开大合、窜纵跳跃、舒展大方的北派武术特点,而南方地区人的身材相对矮小,自然环境紧凑别致,在拳术表现上形成了短桥寸劲、阁幅沉马、迅疾紧凑的南派武术风格。除此之外宗教文化的影响也促使我国形成了不同的武术流派,如以佛家文化为理论根基的少林武术、以道家文化为基础的武当武术等。

随着社会不断的发展和进步,少数民族地区的经济和文化也得到了相应的发展。妇女成为振兴和发展少数民族地区经济和文化不可缺少的重要力量。她们中间也成长起来了一批有知识、有文化的各行各业的佼佼者。尽管为数不多,但她们潜移默化的影响促使少数民族的经济文化发展,使少数民族妇女那种几千年的传统生活方式、风俗习惯和价值观念也在逐渐发生改变。正因为少数民族妇女自身素质的不断提高,她们能动地去认识自己本民族的传统文化,自觉融入各项传统文化活动之中,并能够以主体的身份来向外界传递本民族的文化。她们积极参与到各种民俗活动中,奔跑、跳跃、歌舞,这正是传承民族体育文化最直接最有效的方式。同时,这些体育行为也直观地展现出民族文化原生态的生命力和价值观,对促进民族传统体育文化的传承具有积极作用。

三、民族传统体育文化的迁移机制

马克思主义哲学物质运动的相对性观点认为,每种文化都处在一种恒常的变迁中,任何一个民族从它的诞生起,就在不断地产生变化,或发展或衰亡,体现民族特征的文化特点也随之变化。虽然稳定性是文化的一个典型而重要的特征,趋于稳定是各种文化的共性,但变化仍是不可阻挡的文化现象。"歌谣文理,与世推移",一个时代的文化与另一个时代的文化有着显著的差别。对这种变化的表述,理论界多用"文化变迁"一词。实质上,文化变迁是文化的创新发展,是在旧有文化模式基础上的结构性和整体性的变化。

文化变迁的理论基础。通过对人类学的研究，我们发现：人类学的各种理论流派几乎都是在对文化的定义和解释中发展起来的。一个多世纪以来的，人类学的研究主要集中在文化方面，对文化变迁的研究是人类学研究的恒久课题，各个学派都有文化变迁的论述。

古典进化论的代表人物泰勒摩尔根等学者受达尔文的生物进化论思想的影响，试图以单一图式为基础对各种文化的发展历程做出解释，用文化进化理论来说明文化发展的普遍性，即文化变迁。尽管"人类心理的一致性"的前提中虽有些真实因素，但并非所有文化都经历了相同的单线进化阶段，古典进化论过高地估计了独立发明的作用，忽视传播的功能。

文化传播论根植于广泛的文化汲取或传播，注重文化的横向散布，否认古典进化论的单一发展图式，认为世界上不同地区、不同民族的文化之所以类似，是因为很少共同进化，而多是由某个地方一次产生并向各地传播造成的。对于民族传统体育而言，不同民族的文化传播和相互借取是民族传统体育发展的动力。

文化变革的主要影响因素来自社会的变迁，社会的变迁过程也是一个解构、融合与再创造的过程。民族传统体育文化之所以能够生生不息，是因为有其背后依附的社会环境和民俗语境的支撑，而社会的变迁给社会环境和民俗语境带来了巨大的改变，这必然导致民族传统体育文化的融合与重组。社会的变迁对民族传统体育文化的影响主要表现在两个方面。

一方面，社会环境的变革使得民族传统体育文化的功能与价值发生变化。以武术为例，武术在我国有着广泛的群众基础，是最具代表性的民族传统体育项目。武术的发展在古代受两个主要因素的推动，第一个因素是在冷兵器时代武术作为杀敌保身的技艺，在军事上和生活上都有着特殊的作用；第二个因素是我国古代所实行的武举制度（参照科举制度实行）以武选士，人们在一定程度上可以通过习武实现社会阶层流动。随着冷兵器退出历史舞台，武术也开始民间化，社会对武术健身价值的需求得以突显，于是传统武术开始由"打练一体"变为"打练分途"，即出现了以"练"为主的武术套路、各种功法和以"打"为主的武术散打。这是社会变迁的必然结果，是在社会变迁中社会文化选择的结果，也是根据西方的竞技模式对武术进行整合的结果。

另一方面，社会变迁促使民俗语境发生变化，进而使民族传统体育失去生存的土壤。因为我国的民族传统体育项目根植在我国特殊的地理和民俗环境之中，许多民间武术的传承与发展是"忙时种田，闲时造拳"的结果。而像舞龙和舞狮等运动更是需要在特定的求雨仪式、节日庆典中举行，具有较强的民俗语境。随着乡土中国向着城市中国变迁，原本的乡土气息被城市化取代，自然民俗语境与生存土壤也相继消失，这必然导致民族传统体育文化的变迁和重组。

历史学派是由美国人类学家博厄斯和他的门生所建立的学派。历史学派重视单个文化特质的传播变化过程并以此来构拟文化史，还注重传播过程的调适和变化。

历史学派理论主要注重文化模式中一般的相同和差异而忽视不太明显的细节，但强调细致的田野调查和详尽的民族志描述，这使研究者可以从中观察到文化变迁的过程。

功能学派认为人们应该把文化视为一个整体，反对美国历史学派把文化看成是由一些互不相关的文化特质构成的堆积体的观点。马林诺夫斯基主张文化变迁是结构性的变化，是人类文明的一项永久因素，变迁的动因一是独立的演化，二是传播。马氏认为文化具有功能，功能就是满足需要，把满足不断增加的需要作为文化变异的内部动力。

布朗也强调文化的功能和整体性，它的功能是部分在社会整体中所起的作用，而不是满足生物需要。功能学派通过其功能的变化、消失和替代来实现文化变迁。

文化变迁的原因，一是内部的，由社会内部的变化而引起的；二是外部的，由自然环境的变化及社会文化环境的变化和迁徙、与其他民族的接触、政治制度的改变等而引起的。当环境发生变化，人们以新的方式做出了反应，这种方式成为这一民族所具有的特质以后，可以认为文化发生了变迁。

创新是文化变迁的第一个重要机制。创新主要包括发现和发明两者，发现是对存在但未曾被知觉的事物产生认识的活动，而发明则是对存在的物质、状态和惯例的一个新综合。然而发现和发明并不一定就会导致文化变迁，如果某项发明被社会所忽视、被埋没，它就不会引起任何文化上的后果。传播（借取）是文化变迁的第二个重要机制，传播具有选择性、采借双向性。涵化是其第三个重要机制，它是指当一个社会与另一个经济、文化都比较强大的社会接触时，这个较弱小的社会经常要被迫接受较强大的社会的很多文化要素，这种由于两个社会的强弱关系而产生的广泛的文化假借过程即涵化。涵化的结果有文化接受、文化附加、文化融合、文化创新、文化丧失和文化抗拒。

民族传统体育文化变迁的主要形成原因有以下几个方面。

（一）传承空间的依存由民族传统节日向多元节日转变

许多民族体育活动往往源于民族某一农时节令，并在该节令中开展，所以它的针对性、局限性很强。据调查得知，大多数民族传统体育活动都有固定的传统节日，甚至可以把一些民族节日和其所属民族画等号。多元化节会已经是当代中华民族传统体育存在和发展的主要方式与途径，少数民族传统体育发展曾一度以"依势造节、因节发展、以节兴节"为口号。各地为提高知名度、促进经济发展而借各种节日举办的各种民族传统体育赛事，虽然具有明显的"文化（体育）搭台，经济唱戏"的功利性，但它对促进民族传统体育的繁荣发展起到了积极的作用，成为超越时代存在的一种符号和民族传统，成为民俗文化中最为活跃的资源，成为鼓励民族地区开展全民健身和精神文明建设的重要手段。由此可知，经济发展外部环境的变迁促使民族传统体育项目的传承方式发生了流变，但这种变迁不是一种取代而是一种文化融合。

（二）民族传统体育传承空间中旅游景点依附性增强

随着人民生活水平的日益提高，人们对精神生活的需求日趋旺盛。参与和观赏各种民俗文化活动，已成为现代旅游的一个重要组成部分，其发展势头强劲。独具特色的民间文化风俗、魅力十足的民间体育节庆也逐渐成为吸引旅游者的亮点。在自然生态旅游区中进行体育民俗文化活动不仅能使旅游者的休闲娱乐活动丰富，而且还能使其体验到原汁原味的民俗体育风情。

（三）传承空间与运动会的依附性越来越紧密

开展少数民族运动会，不仅是抢救保护、弘扬民族文化的最有效的途径之一，也是振兴我国民族文化的重要举措。国家把少数民族传统体育纳入到国家性质的体育赛事中，并定期举办少数民族传统体育运动会和单项运动会，并形成制度。这些运动会与其他体育运动会不同之处在于除设置具有现代竞技特征的民族体育竞赛项目，还设置了大量具有鲜明民族风格与地域特色的体育表演项目，使各个少数民族的传统体育活动都能登台表演，彰显出中华民族传统体育的绚丽光彩，极大地调动了各族人民继承、发展本民族优秀体育文化的积极性。随着全国少数民族体育运动会的不断举办，参赛的运动员不断增多，设置的比赛项目逐届增加，运动会的规模和影响逐届扩大，全国少数民族体育运动会现已成为促进全国民族大团结的体育盛会和推进世界体育文化多样性发展的特殊典范。

（四）传承空间与学校教育的依附性、普及性增大

学校是体育的摇篮，是民族传统体育现代化的孵化器。教育部颁布的《全国普通高等学校体育课程教学指导纲要》在确定体育课程内容的主要原则中明确指出："弘扬我国民族传统体育，汲取世界优秀体育文化，体现时代性、发展性、民族性和中国特色。"在这样的政策指引下，校本课程改革一度成为教育改革的最大热点之一。校本课程的改革为学校自主开发民族传统体育课程提供了制度保障，扭转了学校民族传统体育教学一直被边缘化的局势，使一直徘徊在学校之外的民族传统体育找到了方向。

（五）传承空间与非物质文化遗产的依存性结合明显

如今非物质文化遗产已经成为我们抢救、保护文化的主流话题，成为学术研究的热点。正是在这样的社会语境下，几千年来一直湮没于广大民间、默默无闻的草根文化具备了"民族文化基因"的崇高价值，并得到了主流社会意识形态的高度认可与支持，成为整个民族的文化象征与身份标志。毋庸置疑，非物质文化遗产是中华民族世代相传的文化财富，也是我们发展先进文化的精神资源与民族根基，是国家和民族生存和发展的内在动力。随着科学理性和工业文明在全球的推行，我们赖以生存的文化生态已经发生了天翻地覆的变化，众多传统文化赖以生存的空间已经发生变迁，这一变迁对传统文化传承是个巨大的挑战。为了保护人类文化的多样性和可持续发展，联合国教科文组织提出了《保护非物质文化遗产公约》，其基本态度是"文化环保"，即尽量保护各种文化传统，特别是小传统的原生状态，以免人类文化的多样性在经济全球化过程中逐渐消失。

第二节 民族传统体育文化的起源

一、民族传统体育文化开始于生产劳动

在我国原始社会时期，体育活动的萌生与生产劳动有着密不可分的关系。20世纪70年代，在山西阳高许家窑文化遗址中，专家学者挖掘出了古人类化石和数以万计的石器。根据专家学者的考证，这个文化遗址距今已有10万年，在该遗址中挖掘出了1500多枚大小不一的石球。这些石球是当时的许家窑人所使用的最有力的投掷武器。后来，随着弓箭等先进战斗工具的发明，人们猎取野兽的能力也得到了显著提高，石球因过于笨重而较少使用。于是，石球的功能便由狩猎开始转向娱乐，扔石球的目的不再是为了猎取野兽，而是为了娱乐，增加一些欢乐的情趣。在距今4~5万年前的西安半坡文化遗址中发现了三个石球，这三个石球被放置在一个三四岁小孩的墓葬中。由此我们可以推测，这些石球已经不仅是狩猎的工具和保卫自身安全的武器，同时也被作为一种游戏工具。

自从弓箭出现以后，人们在狩猎活动中的效率大大提高。特别是对于一些狩猎民族来说，弓箭成为他们主要的狩猎工具之一。随着人类社会的不断发展，人们开始种植庄稼和饲养牲畜，狩猎对于人类已经不再那么重要了。人们弯弓射箭不光是为了狩猎，有时则是为了显示高超的射箭技艺。因此，带有体育性质的射箭活动开始出现。

人们在考古挖掘活动中，还发现了原始社会后期的骨制鱼镖和鱼钩，这说明捕鱼也是当时经常性的活动，与之相应的掷鱼镖、垂钓以及游水等活动也已出现。

二、民族传统体育文化开始于种族繁衍

在原始社会时期，人们除了觅食来求得生存，通过繁衍来使种族得以延续也是非常重要的大事。也就是说，觅食是为了生存，繁衍是为了种族延续。由于许多少数民族居住在分散而又相对闭塞的环境中，为了实施氏族外的婚配，许多少数民族都有男女集体交往与求爱的活动和节日，以利于种族的繁衍。

由于原始社会的自然环境非常恶劣，少数民族的女子在择偶时倾向于选择身强体壮、劳动能力强的男子，而体育竞技便给了青年男子充分显示自身的智慧和力量，以及获取少女青睐的机会。这符合少数民族英雄崇拜的心理和性选择的需要，同时也是少数民族传统体育起源与发展的一种重要驱力。相关研究表明，许多少数民族的传统体育活动都与青年男女的社交有着很大的关系，甚至有的传统体育活动是专门为两性交往提供机会而开展的。例如苗族的"跳月"、壮族的"抛绣球"、哈萨克族的"姑娘追"，以及瑶族的"踏歌"等活动。又如苗族、瑶族和侗族的"射弩"，在古代弓箭不仅是防身的武器和战争的传信工具，而且还常常作为青年男女之间感情的信物。

第三节 民族传统体育文化的发展

一、古代民族传统体育文化的发展

（一）古代民族传统体育文化的繁荣

在秦汉和三国时期，从思维方式、统治思想、政治制度到民风民俗、节日节令都为后世的传统体育文化发展打下了坚实的基础。体育作为社会文化的核心部分，也为了满足新时代的需求，它在继承先秦体育传统的同时，也吸纳了外来体育的元素，从而塑造了未来体育发展的基本模式。

与秦汉时期相比，魏晋南北朝时期的体育无论在开展的项目方面，还是在发展的规模方面，都显得较为逊色。但是，这一时期玄学的兴起、少数民族的大量内迁，为民族传统体育的发展带来了新突破，这一时期的传统体育具有鲜明的时代特征。

1. 民族传统体育娱乐色彩鲜明

秦始皇统一中国后，战乱结束，文化娱乐上的需要较为突出，人们开始更多地关注体育的娱乐性，特别是魏晋南北朝玄学的兴起进一步冲击了礼教、军事对传统体育的束缚，使其更多地按照体育本身具有的娱乐性和竞技性特点发展。

2. 民族传统体育的融合

秦统一六国，结束了自春秋战国以来五百余年四方民族与华夏民族之间及其内部的兼并纷争，在各民族文化长期以来互相融合的基础上，以从中原农耕文化形成的周秦文化为基本模式，采取向兼并地区大量移民的方式，向全国推广开来。自"大一统"局面形成之后，我国各民族的经济发展水平和文化发展水平不断提高，各民族之间的沟通次数也在不断增多。

在西晋"永嘉之乱"之后，我国经历了空前广泛的民族大融合。原处西部、北部边境的匈奴、鲜卑族、羯族、氐族、羌族等先后进入黄河流域，建立了政权，北方汉人大批南渡避乱，引起了南方的民族变动。

魏晋南北朝时，匈奴、鲜卑族等入主中原后，游牧民族的骑马、射箭仍然是为战争服务的，仍然是与健身结合的军事体育项目，但后来受到中原文化的影响，骑马、射箭常与汉族的传统节日结合在一起。例如"三月三"是汉族的传统节日，其产生于西周时，每年三月的"上巳"日，女巫要在河边举行仪式，为人们除灾去病，这种仪式叫"祓禊"。进入魏晋时期，"祓禊"的目的不仅是祛除不祥，还与人们的游春活动相结合，追求健康和欢乐。此时，"祓禊"不再讲究什么礼仪，主要内容是临水饮宴、骑马射箭。

在民族传统体育不断融合的过程中，民族交往以及融合使得体育活动内容朝着多元化的方向发展，大大加快了民族传统体育活动在我国各族人民中间传播的实际速度，很多具有地方性特征的民族传统体育活动相继开展。例如，如今在我国十几个民族中流行的摔跤运动在秦汉时期有三种表现方式，在当时分别被称为角力、角抵、争跤。湖北江陵凤凰山出土的漆绘木篦上绘制的角力图代表了一种独特的艺术风格，其独特之处在于可以通过击、打、摔、拿等多种动作来实现抱摔，这与古希腊摔跤的艺术形式有相似之处；在陕西长安客省庄出土的角力纹透雕铜饰上的角力活动代表了另一种风格，角力方法有固定搂抱的要求，即一手抱腰、一手抱腿，至今在维吾尔族等少数民族中仍沿用这种摔跤方式；还有一种是在吉林集安洞沟出土的东汉时期高句丽角力图，这与客省庄角力者的抱法有所不同，他们是用双手抱住对方的腰部，与后代的相扑抱法是一样的。

（二）古代民族传统体育文化的兴盛

1. 传统体育沟通频繁

隋唐时期文化的整体格调是恢宏壮阔与热烈昂扬，这种文化格调为我国古代民族传统体育的繁荣提供了良好的氛围。立足全局分析，开展项目多、参与人数多、中外体育交往密切是隋唐时期民族传统体育发展的鲜明特点。隋唐时期是我国封建社会较为兴盛的时期，统治阶级具有开拓、进取的精神和开明、民主的统治思想，对内采取平等相处、爱之如一的民族政策，对外来文化，敢于兼收并蓄，积极发展与外邦的友好关系，从而促进了国内各民族之间以及中外的体育交往，许多传统体育项目走出国门，同时，我国的民族传统体育也得到了充实。

胡旋舞是新疆维吾尔族中的一种立于小圆毯上旋转而起的舞蹈，在唐代的出土文物上便可以看到。胡旋舞源自中亚细亚的米史、康居、那色波等昭武九姓国。这些国家的居民原先居住在祁连山北的昭武城（今甘肃高台县），后迁移到中亚细亚，分为九国，同姓昭武，并与唐王朝保持着友好的关系。开元、天宝年间，米史、康居等国曾多次向唐王朝进献胡旋女子，于是胡旋舞传入中原。

马球兴起于唐朝，据唐人封演的《封氏闻见记》卷六《打毬篇》记载，唐太宗李世民听说西蕃人好打马球，就专门派人去学习，不久马球就在唐朝的王公贵族间流传开了；唐高宗李治也曾礼请吐蕃击球好手到长安传艺。这些都是民族传统体育交流的历史明证。

唐朝时的长安是一个国际化城市，世界上有四十多个国家的使臣先后到过此地。其中，以地理位置较近的日本和朝鲜与中国的交往最为密切。在这一时期，日本多次大规模派出"遣唐使"和留学生；唐朝高僧鉴真应日本僧侣的邀请，克服重重困难，东渡日本。双方的友好往来极大地增进了两国之间的了解，促进了经济、文化等方面的交流。中国的投壶、蹴鞠、击鞠、围棋、步打球等体育活动先后传入日本，日本射手在唐高宗年间也曾来我国表演射技。与中国近邻的朝鲜，也曾多次遣使来我国，与唐朝建立了深厚的友谊，我国的围棋、蹴鞠等传统体育项目也正是在此时传入朝鲜，并在朝鲜扎根、发展的。

2. 节令民族传统体育深入发展

在人类社会持续发展的过程中，我国传统体育慢慢被先辈赋予了很多种思想内容，其中有关节令的民族传统体育内容被人们赋予了某种宗教以及迷信色彩。例如最初安排元宵节灯火的目的是祭祀"太一"。在隋唐时期，许多节日、节令中的传统体育内容与形式进一步向娱乐性、游戏性和竞技性方向发展。其中，较为兴盛的节令体育活动有拔河、秋千、龙舟竞渡、蹴鞠等。

3. 围棋娱乐活动流行

南北朝及以前，围棋因其军事性、娱乐性、竞技性受到历代帝王将相和社会名流的喜爱。围棋的军事性也受到许多围棋名家的重视。在唐朝时期，社会生活大体上是一种较为安定的局面。在这种时代环境下，人们对围棋的认识开始发生变化，从围棋著作的归类上也反映出这一变化。《隋书·经籍志》把辑录的围棋著作全部归入《子部·兵书》类。但是，专记唐朝一代藏书之盛的《旧唐书·经籍志》和《新唐书·艺文志》，则把围棋著作归入《子部·杂艺术》类。

随着社会的不断发展，围棋的价值主要在于陶冶情操、增长智慧，下棋与弹琴、写诗、绘画被人们认为是几件最具代表性的风雅之事。当时在我国某些地区还出现了善弈光荣、不善弈可耻的社会风气。

4. 女子体育活动飞速发展

魏晋南北朝时期，在各民族融合的过程中，随着大量的少数民族进入中原，汉族地区的男尊女卑的传统观念在某种程度上受到了少数民族尊重妇女的社会风尚的挑战。

从魏晋南北朝时期至隋唐时期，由于佛教和道教的广泛传播，儒学在两汉时期的地位并未达到顶峰。随着封建统治阶级的腐败没落，统治者为了巩固统治，不得不把重刑作为一种惩罚手段来加以运用。因此，与两汉时期相比，封建礼教对女性的限制并不那么严格。汉族女性普遍获得了参与体育活动的机会，这也是我国历史上女子体育兴盛的一个原因。隋唐时期，在女子中开展的传统体育项目主要有击鞠、蹴鞠、步打球、射箭及舞蹈等。

在唐朝时期，女子参与的蹴鞠活动主要是活动量较小的"白打场户"，即一种在圆形场地内进行、中间拦有十字形丝围的蹴鞠玩法，分左右班。唐代诗人王建的《宫词》一诗中就描写了唐代女子在寒食节期间进行蹴鞠比赛的情景："宿妆残粉未明天，总立昭阳花树边。寒食内人长白打，库中先散与金钱。"在击球盛行的唐代，为了迎合女子参与蹴鞠活动的要求，在骑马打球的基础上，又发展了驴鞠和步打球。北京故宫博物院收藏的一面唐铜镜上，刻有四个妇女打球的图像，这是唐代女子开展击球活动的生动例证。

（三）古代民族传统体育文化的优化

发展至北宋，尽管我国南方地区已经实现统一，但契丹、党项以及女真等少数民族掌握着我国北方地区的统治权，同时陆续建立了辽、夏、金等少数民族政权。在此之后，元朝、明朝以及清朝都大大推动了各少数民族传统体育项目的发展。

1. 军事类民族传统体育项目着重发展

宋、元、明、清时期，统治阶级采取了一系列的措施，打造了生产进步、经济繁荣的良好社会环境。其间大、小规模的战争也仍然不断地发生，对军事训练的重视，使某些与军事有关的传统体育项目愈加完善。以畜牧、狩猎为生的少数民族参与中原战争后，进一步刺激了具有军事意义的传统体育活动的发展。

契丹族、女真族和蒙古族都是以畜牧、狩猎为生的民族，其社会生活离不开骑射，因此，骑马、射箭是契丹族、女真族和蒙古族人民的基本生活技能，而统治者"因弓马之力取天下"进一步促进了骑术和弓箭术的发展与提高。

为了推动骑射技术的发展，辽、金、元时期设有许多包括骑射活动的节日。例如辽国三月三日为射兔节，"三月三日为上巳，国俗，刻木为兔，分朋走马射之"。其那达慕大会有男子三项竞技，即射箭、骑马、摔跤，获胜选手被称为勇士。此外，辽国和金国还定五月五日为射柳节。

满族是女真族的后裔，骑射不但是他们长期生活和生产的主要手段，还是清朝宫廷中主要的军事训练活动，其政治色彩相当浓厚。顺治皇帝自定都北京之后，便经常在南苑行猎；康熙黄帝继任之后，更频繁地举行行围狩猎活动。1683年，在承德府北四百里处建立木兰围场，从此"木兰秋围"作为定制，每年秋季皇帝均要与臣子到此行围。除了行围狩猎以锻炼军队的骑射本领，清代皇帝还经常举行专门的骑射检阅，并组织和观看射箭表演或比赛。

蒙古族把角抵（摔跤）放在与骑马、射箭同等重要的位置上，元朝统治阶级大力推崇这种活动，凡是在那达慕大会上获得摔跤冠军的人，都能得到"国之勇士"的称号。清王室十分提倡摔跤，其摔跤与元代摔跤相同，即现在着跤衣的民族式摔跤。在清代，除了骑射和摔跤之外，冰嬉也得到了快速的发展。

2. 市民文化对民族传统体育项目的发展的极大促进作用

在两宋时期，随着经济文化水平的提高，生活条件的改善，物质生活得到满足，人们开始追求精神享受，产生了一种新型的体育运动——市民体育。市民体育指的是除了宫廷、官僚和军队体育之外，城市中的中下层民众参与的各种体育活动。它是在国家正式颁布有关法规后逐渐兴起并迅速传播开来的一种群众体育运动。

中国古代的体育发展基本上是从宫廷到普通民众，由上层走向下层的演变过程。中国古代社会的历史背景为宫廷体育活动提供了非常有利的开展环境，但这种贵族体育活动的覆盖范围相对较窄。到了明清时期，随着封建政治和经济制度的进一步发展，人们生活水平提高，体育意识逐渐增强。从相对的角度看，民间和村社的体育活动受到了季节的强烈影响，通常是在农闲时间进行，形式有限，且受到经济条件的限制。在宋元时期，市民体育的兴起极大地拓宽了民族传统体育的发展空间，符合市民休闲娱乐需要的表演性与自娱性传统体育活动得到广泛的传播。这具体体现在以下两个方面。

（1）自娱性体育活动的开展

全面研究我国宋元时期开展自娱性体育活动的整体情况能够发现，深受广大百姓喜爱的活动分别是踢毽子、象棋、放风筝、秋千等。

（2）表演性体育项目的兴起

瓦舍，又称瓦子、瓦市，是两宋时期城市中综合性的游乐场所。《东京梦华录》《西湖老人繁胜录》都记录了诸如相扑、使棒（后来的武术）等艺人在瓦舍卖艺的情况。城市的街头广场，则是"路岐人"献技的地方。大都市之外，许多小城镇中的艺人由于在当地难以谋生，就到瓦舍表演各项活动。以体育表演为生的大批职业艺人的出现，是宋代表演性传统体育兴起的标志。

随着居住在某些大城市中的职业体育艺人的大批产生，体育行会组织相继在大城市建立和发展起来。当时蹴鞠有"齐云社"（又称圆社）、相扑有"角力社"（又称相扑社）、射弩有"锦标社"等，这些行会组织主要负责协调表演体育活动的艺人与方方面面的关系，制定职业规则，组织社员进行体育训练与交流。

3. 传统武术的繁荣和发展

武术和军事武艺一直都有十分紧密的联系，如北宋时期的武术表演隶属于军中百戏，承担表演任务的是"花妆轻健军士百余"。明清时期，武术逐渐从军事武艺中分化出来，发展成为具有健身娱乐性质的运动项目，并形成了发展的高潮，技术进一步丰富，理论与方法日渐系统。

二、近代民族传统体育文化的发展

以形式和内容为划分依据,可以将近代中华民族传统体育划分成两个部分,即中华民族固有的以武术为基本内容的传统体育和由西方传入的近代体育。

(一)近代民族传统体育观念的变化

自从鸦片战争以后,随着西方列强国家的入侵,许多来自西方国家的近代体育活动开始进入中国,给中国的传统体育文化带来了深远的影响。国人开始认识到,体育作为一种娱乐方式和生活方式,并不能完全满足人们的精神需求。在与西方体育观念的碰撞中,中国人逐渐开始对其重新进行理解、改革和进一步的发展。在这种情况下,民族传统体育作为一种具有独特民族风格的运动项目逐渐为国人所接受并加以传播,成为推动社会进步的重要力量。

洋务运动时期,洋务派与维新派认为,西方除了有强大的军事工业,还重视体育,但这种尚武与重视体育的表现并非西方国家独有,在我国古代就有尚武之风。出于这方面的考虑,洋务派与维新派大力提倡发扬光大中国的习武传统,以强国强民。

在近代社会中,我国一些有志之士在审视民族传统体育的进展时认为,由于西方国家在风俗和习惯上的差异,它们的体育活动也有其独特之处,这可能并不完全适合我国的实际情况。因此,在推进体育发展时应该基于我国的实际情况。从这个意义上说,发展传统体育项目是一个复杂而艰难的过程。也有一部分人认为,从西方国家传入中国的体育项目由于受政治、经济、文化发展的限制,尚不能被中国人完全接受,因而应当对我国民族传统体育项目进行深入研究。

随着时代的进步与发展,人们逐渐认识到不同国家的体育运动都具有其特点,要想更好地发展我国的民族传统体育,就应该从我国的实际情况出发,适当吸取其他国家体育运动的优点,来促进民族传统体育的发展。从本质上来说,相继出现的崭新观念恰恰是广大群众关于民族传统体育文化的崭新认识和评价,同时将广大群众关于民族传统体育的崭新认识推向了高潮。

(二)近代民族传统体育内容的升级

在对传统体育进行再认识与改造的过程中,人们现在不仅仅是从军事训练、娱乐和礼仪教育等方面来理解和评价传统体育，而是更多地认为，传统体育与西方体育一样，具有强身健体功能和教育意义。同时还应该看到，随着社会发展，人们的健康意识不断增强，追求健康成为一种时尚。

在20世纪20年代前后，一些体育界研究团体开始深入研究和整理我国民族传统体育活动形式。例如，精武体育会、北京体育研究社等都对我国的民族传统体育进行了一定的整理。特别是在武术项目上，在继承传统的基础上，武术成为一个独立的项目，在国内，甚至是世界得到了长远的发展。而以马良为代表的一些民族传统体育研究者，也通过对近代运动形式的研究，实现了对民族传统体育活动的改造。

我国近代相继产生的关于民族传统体育的著述，在某种程度上推动了民族传统体育的发展，具体著述有王怀琪的《正反游戏法》等。

三、当代民族传统体育文化的发展

（一）当代民族传统体育文化的发展进程

在中华人民共和国成立之后，党和政府明确提出了"积极倡导，加强领导，改革提高，稳步前进"的民族体育发展策略，这为我国各民族体育的交流和发展营造了一个良好的社会环境，党和国家非常重视民族传统体育项目在全民健身活动中的作用，并将它作为社会主义建设时期文化工作的一个重要组成部分。民族传统体育迎来了新的发展机遇。当代民族传统体育文化的发展主要经历了以下几个阶段。

1. 初始整理阶段

自新中国成立以来，我国民族传统体育项目受到了党和政府的高度重视，群众性传统体育活动迸发出了强劲的生命力。在1949年，党和政府对民族传统体育进行了广泛的梳理和挖掘，将具有浓厚民族特色的少数民族体育发展成了具有较强对抗性的竞技体育。1953年，中国摔跤协会正式成立。国家开始重视民族体育的继承与发扬，并制定出一系列政策，使其走上了健康有序的发展之路。1956年在北京第一次举行了中国式摔跤锦标赛，1957年制订了《中国式摔跤竞赛规则》。至此，我国对摔跤的竞技性改造基本完成。在初始整理的整个阶段，武术运动的发展是我国民族传统体育发展的突出代表。

2. 改革发展阶段

十一届三中全会以来，党的工作重点转移到社会主义现代化建设上来，体育工作的重点也有所转移。此后，少数民族地区的经济有了长足的发展，传统体育项目的研究活动也随之蓬勃发展起来。

自 20 世纪 80 年代以后，国家相关部门组织了全国少数民族体育工作座谈会，重新将民族体育工作列为工作重点，各级相关部门积极推动对民族体育的挖掘和整理。

3. 改革深化阶段

进入 20 世纪 90 年代后，随着体育运动发展的国际化、职业化，党的现代体育的发展到了顶峰时期，其发展方向存在局限性、竞赛组织不足等问题日益明显。党的十五大召开后，我国体育界开始重视民族传统体育项目的研究发展。与此同时，传统体育活动在民间广泛开展起来。

中华人民共和国成立至今，我国民族传统体育项目得到了进一步的丰富和完善，完成了组织建设，正确处理了继承、改造、创新与发展的关系，并通过各种形式的运动会和活动，加深了各民族之间的了解。诸多事实充分证实，民族传统体育在我国各族人民心中占据的位置越来越重要，同时已逐步演变成全人类的财富。

（二）当代民族传统体育文化的发展策略

1. 提升对民族传统体育文化的保护力度

民族传统体育在经过长期的发展后，已经形成了一个具有丰富内容和鲜明特色的庞大系统，具体包括竞技、表演、健身和娱乐等方面。随着历史的发展，人们不断创造出新的体育文化产品，新文化产品不断累积，在传统文化产品的基础上逐渐形成文化。作为文化形成和发展的基础，传统文化必须被保存下来，这样才能促进体育文化不断累积，不断创新，逐步向前发展。

传统文化在特殊环境中塑造出民族传统体育文化，传统文化赋予民族传统体育的一些特性是其他民族体育所没有的，独特的民族传统体育文化构成特色鲜明的东方体育文化形态。民族传统体育如果没有传统文化内容，强势文化中的体育项目就会同化一些民族传统体育项目，从而威胁到民族传统体育的生存。

(1)运用高新科技

当今社会，信息技术高度发达，民族传统体育文化可以通过信息库的方式进行保存。利用先进的科技方法，我们对民族传统体育文化的各个部分进行了数字化的保存，并已将其整合进"中国非物质文化遗产数据库"和"中国非物质文化遗产影像档案"等相关系统中。然而，民族传统体育文化又绝对不能仅依托于数字化被动储存，因为它作为文化的一部分，只有在不断发展中才能彰显其生命力，所以应主动地拓展其生存空间，使民族传统体育文化具备良性的生存和发展环境。

(2)培养相关人员

民族传统体育文化的保护必须重视相关人员的培养，应培养一批具有业务专长，熟知民族政策与民族习俗的人员，具体包括传者、受者及管理干部三类人员。

在保护民族传统体育文化方面，传者扮演着至关重要的角色。为了更好地保护民族传统体育文化，传者需要全面而深入地掌握传播理论和手段。

受者是传承和保护民族体育文化的重要部分。受者具有规模庞大、分散居住、流动性强等特点。要重点培养受者对民族传统体育文化的深厚情感。民族传统体育作为一种特殊的社会现象，它所体现出的文化内涵和精神气质都具有鲜明的时代性。

在保护民族传统体育文化的过程中，管理干部能够发挥很大的作用。民族体育现代化、科学化、社会化发展的实践表明，传统体育的师徒传承方式已不能满足现实的需求，需要民族体育管理干部长期深入民族地区进行宣传、普及工作。因此，尤其要注意培养少数民族体育干部，因为他们与少数民族群众有天然的密切联系，熟悉本民族、本地区的风俗习惯，有利于我们更准确地执行党的民族政策与体育方针，使民族传统体育实现持续发展。

2. 推进民族传统体育文化的产业化发展

(1)健全相关法律法规

民族传统体育文化的产业化发展主要包括两种模式：一是市场主导型；二是政府参与型。在社会主义市场经济体制下，主要采用政府参与型的产业发展模式，这是由我国的基本国情所决定的。因此必须充分发挥政府在民族传统体育文化产业化发展中的作用。要想发挥政府的作用，就要为民族传统体育文化产业发展确立目标。目标确立后，政府应出台相关的扶持政策，将民族传统体育文化产业作为体育产业发展的重点。另外，政府对民族传统体育文化产业进行扶持，离不开健全和完善相关的法律法规。只有健全与完善民族传统体育文化市场的法律法规体系，才可以对市场起到引导、规范作用，才能为民族传统体育文化产业化发展提供良好的环境。

（2）实行民族传统体育俱乐部制

在体育本身持续发展、人类物质文明持续提高、人类精神文明持续提高的背景下，体育的很多功能和作用被相继发掘和发挥出来，这使得体育俱乐部的数量以及会员数量都出现了大幅度增加。体育俱乐部逐渐成为有效开展和经营体育活动的主要组织形式，并风靡世界。改革开放以来，在计划经济转向市场经济的过程中，国家的经济实现了跨越式发展，我国的体育俱乐部就是在这样的背景下兴起的。体育俱乐部在一定程度上反映了社会的进步和体育改革与发展的方向，因为它是体育改革的产物。中国体育未来的发展必然有体育俱乐部的伴随。

民族传统体育在我国社会主义市场经济发展的背景下逐渐走向市场。民族传统体育实行俱乐部制不仅有利于传播我国优秀的民族传统文化，也加速了民族传统体育文化社会化与产业化的发展历程。实行俱乐部制对构建民族传统体育文化的产业化发展体系具有如下几方面的作用。

①民族传统体育实行俱乐部制能够满足人民群众日益增长的健身、娱乐、观赏等各方面的需求，为民族传统体育文化的产业化发展吸引更多的消费群体。人们对民族传统体育的要求随着物质生活水平的提高和健身娱乐方式的多样化也越来越高。俱乐部可以帮助人们满足健身娱乐的需要，人们也可以通过俱乐部观赏到有价值的民族传统体育比赛。因此，实行俱乐部制能够提高民族传统体育比赛的观赏性，帮助人们实现观赏的需要。

②民族传统体育实行俱乐部制，可以通过俱乐部的组织形式吸引更多的民族传统体育文化爱好者，使爱好者在俱乐部接受专业系统的训练，因此俱乐部就成为为民族传统体育文化产业化发展培养后备人才的重要场所。

③实行俱乐部制能够加速民族传统体育文化在世界范围内的广泛传播与交流。实行俱乐部制，民族传统体育文化就有机会走向世界。在国际上传播我国民族传统体育文化，也意味着传播我国优秀的民族文化。民族传统体育文化在世界范围内的传播与交流主要有两种形式。第一，向国外输送优秀的民族传统体育教

练员与运动员，互派访问团与表演团，创办国际性的职业运动员和教练员培训班。第二，借助文化形式，如民族传统体育文化节等，在国际开展广泛的交流。

④实行俱乐部制能够促进社会经济的繁荣发展。俱乐部获取经济利益、促进经济发展的主要途径是收取门票、广告费、网络转播费、运动员转会费及相关费用，俱乐部同时带动了电视业、广告业、服装业与器材业等相关产业的发展。

⑤实行俱乐部制带动了民族传统体育服务业的繁荣。随着人们生活水平的日益提高，城市居民特别是大中城市居民的可支配收入也随之增加，因此对民族传统体育健身娱乐服务的要求也进一步提高。新型的民族传统体育俱乐部不仅为消费者提供民族传统体育服务，而且还提供娱乐、餐饮、旅游等方面的综合服务，有效促进了相关服务产业的发展。

由此不难发现，采取民族传统体育俱乐部制不光能使民族传统体育文化产业体系的构建速度有所加快，还对其他相关产业的可持续发展有带动作用。

（3）创建有影响力的民族传统体育品牌

民族传统体育文化是我国的宝贵财富，所以，我们应积极实施品牌战略，提高民族传统体育文化产业的国际竞争力，促进民族传统体育文化产业的快速发展。目前，我国民族传统体育虽然跨出了国门，走向了世界，也参与了一些交流、表演和比赛，取得了一定的成绩，但其发展的状况仍不能令人满意。造成这种情况的原因是多方面的，如民族传统体育文化产业自身的宣传推广不够等，没能形成品牌优势是直接原因之一。民族传统体育文化品牌包含的内容很多，有民族传统体育工艺品、旅游用品、音像光盘等。虽然民族传统体育文化品牌的发展空间和发展潜力都很大，但要想高效达到各项目标必须实施科学开发。

（4）积极促进民族传统体育市场的发展

市场化是民族传统体育文化发展的必由之路。民族传统体育文化产业化的发展需要诸多有关市场的有效配合。现阶段我们要积极开拓民族传统体育文化的国内、外市场，为民族传统体育文化的发展创造一个良好的环境。

①民族传统体育技术培训市场。民族传统体育技术培训与产业市场之间是相互影响、相互促进的关系，具体反映在以下两个层面。

一方面，民族传统体育技术培训中，接受培训的人要购买相关书籍、服装和用品等，同时要参加多种民族传统体育比赛和表演等活动，这些需要购买的物品和民族传统体育活动对民族传统体育相关市场的活跃和发展起到了积极的促进作用。同时，民族传统体育技术培训还可以培养大批爱好者，引导他们进行民族传统体育文化产业消费。

另一方面，民族传统体育相关市场的发展反过来又影响着民族传统体育技术培训市场。例如，民族传统体育竞赛表演市场中精彩的表演与比赛或健身娱乐市场的发展可以带动更多的消费群体转入民族传统体育技术培训市场。

②民族传统体育健身娱乐市场。推动民族传统体育健身娱乐市场的发展进程，必须高质量完成以下几项工作。

一是培育广大消费者。生产、流通和消费是民族传统体育健身娱乐市场运行的几个环节。民族传统体育健身娱乐市场的发展需要广大消费者的支持，因为民族传统体育健身娱乐市场的发展在很大程度上由消费者的消费意识、消费动向和消费水平来决定。民族传统体育健身娱乐市场的发展主要考虑的经营策略是根据消费者的需要开发和利用民族传统体育资源。这项经营策略应当通过以下两方面的举措来落实。

一方面，提高人民的消费水平，提高消费水平首先要提高收入水平及生活水平，只有人们的物质生活条件优越了，在民族传统体育健身娱乐这个行业中消费的观念才有可能萌生。

另一方面，民族传统体育健身娱乐市场要想扩大资金积累，加快运转，促进自身发展，就必须把握市场发展方向，准确做好市场定位，以灵活的价格面向各种消费者，逐渐吸引更多的消费群体投入健身娱乐市场，这样才能够多层次、多特色、多项目地开发民族传统体育健身娱乐市场，才能满足不同层次的消费者的需要，推动民族传统体育健身娱乐产业快速发展。

二是建立相关法律和管理体制。没有形成符合市场运行规律的管理体制是民族传统体育健身娱乐市场还未实现充分发展的主要缘由之一。虽然我国有些省市制订了相关的地方法律法规，一定程度上也规范了当地的健身娱乐业。但是，由于市场有自身的运作规律，必然会出现市场竞争与优胜劣汰，新生事物进入市场能否生存并发展要经过市场的长期检验才有结果，相关部门的管理只是起到了宏观导向的作用。谁投资、谁受益是管理民族传统体育健身娱乐市场的基本原则，对此，相关部门需要用必要的法律政策来维护和保障市场的稳定发展。

③民族传统体育文化市场。一般来说，民族传统体育文化市场的进展对民族传统体育文化产业的成长产生了显著的影响。一方面，需要加强对民族传统体育文化基础理论的深入研究，并利用媒体的宣传功能，以积极地引导人们对民族传统体育文化的消费需求；从另一个角度来看，需要积极地探索和开发民族传统体育市场，以形成一个以创新推动市场增长和以发展促进民族传统体育创新的健康循环。

民族传统体育文化市场的类型非常复杂，主要包含有形产品、无形产品，物质产品和精神产品等，这种情况导致人们在消费某种形式的民族传统体育文化时，对民族传统体育文化的其他层面的需求也随之增加。这样既可以丰富我国社会主义市场经济条件下的精神文化生活，又能促进民族传统体育的产业化发展。因此，在开发民族传统体育市场时，文化因素具有先导性、潜在性、引导性的特征，因此文化规律成为制约民族传统体育文化市场的另一规律。鉴于民族传统体育文化产品及其服务的双重价值以及独特的消费属性，从某种意义上讲，民族传统体育产品及其服务的社会效果，首先考虑的是社会效益，其次是经济效益。

在社会持续发展的过程中，民族传统体育文化产品的生产环节、流通环节、消费环节以及服务环节都向广大群众呈现出了崭新的发展状态，其中现代化的社会化大生产发挥了很大的作用。

（5）进一步加大对民族传统体育文化产业的宣传力度和推广力度

要实现民族传统体育文化产业化发展的目标，必须建立一套行之有效的运行机制和相应的管理体制。政府还需进一步强化政策支持，推动民族传统体育的普及和推广，将现代高科技融入民族传统体育文化产业，提升民族传统体育文化产业的整体运营效率，为提升民族传统体育在国际舞台上的地位奠定新的基础。在宣传推广的过程中，要注重民族传统体育文化传播。民族传统体育的深厚文化底蕴，越来越受到国内外学者的普遍关注，而且其较高的品牌价值也受到商界人士的青睐。在信息化年代，产业的发展、产品的宣传都需要媒体。因此，民族传统体育也应通过现代化媒体积极宣传，而且要特别重视对民族传统体育文化的宣传与传播。

3. 保证民族传统体育文化的可持续发展方向

（1）建立富有特色的竞赛体制

民族传统体育文化可持续发展战略的先导就是竞赛体制，体育练习与实践检验兼备是竞赛体制符合民族传统体育的技术特征的基本要求。富有特色的民族传统体育竞赛体制在形式和内容上应当达到的要求：在形式上，富有特色的民族传统体育竞赛体制不可与举牌评分等同，也不能与其中一些项目的给分方式一样；在内容上，富有特色的民族传统体育竞赛体制不能局限于徒手技击对抗，还应当有技击较量。这样的竞赛体制可以使民族传统体育的训练方法得到充分发挥。

（2）举办多种形式的民族传统体育竞赛

通过组织和举办一些民族传统体育竞赛，不仅可以为民族传统体育的产业化发展做宣传，而且还能提高运动员的训练水平。除此之外，民族传统体育也要在合理规则的引导下，通过比赛带动相关产业发展，进而促进民族传统体育的可持续发展。

（3）提高民族传统体育工作者的经济收入

在民族传统体育发展的过程中，要使广大民族传统体育工作者感到自己的工作具有一定的社会价值和意义。另外，在满足民族传统体育工作者自我价值实现需求的同时，还要给予其较丰厚的待遇、较高的社会地位，以激发他们以更加强烈的责任感和使命感投入民族传统体育工作中去。

（4）加强民族传统体育的改革与创新

民族传统体育的改革与创新是在继承与尊重民族传统体育文化的基础上进行的，改革与创新应保存民族传统体育的原有价值，进一步挖掘现代价值，开辟新领域，构建新形式，促进民族传统体育朝着多元化的方向发展。民族传统体育文化要走可持续发展道路必须经过改革与创新。

4.展现学校传承民族传统体育文化的良性作用

（1）充实学校民族传统体育的内容

学校是民族传统体育发展的重要场所，这意味着所有相关的部门都需要积极地发掘和利用地方的民族体育资源和特色项目。将这些民族传统体育项目融入学校的体育教育中，可以为学生提供更多的机会来接受民族传统体育文化的教育和影响。这不仅可以加深他们对民族传统体育文化内涵的了解，还可以进一步提高他们的内在精神品质。

（2）健全民族传统体育教学机制

在学校开展民族传统体育项目不仅能够丰富校园文化生活、弘扬优秀历史文化传统，还能推动我国的社会主义精神文明建设。

在现代社会经济条件下，学校有义务为所在地的经济、社会和文化的发展服务，各相关职能部门要根据当地的实际情况，有针对性地制订各种政策，采取各种相应的措施。为了确保民族传统体育在各学校中的重要地位，需要建立和完善其在学校体育中的发展策略，并进一步鼓励各学校进行民族传统体育的教学和培训活动。同时，也可以提高广大师生对于民族传统体育的重视程度，增强他们的自信心，为尽早形成有利于我国民族传统体育发展的良好的学校体育文化氛围创造有利条件。

（3）增强民族传统体育的师资力量

增强民族传统体育师资力量的可行性措施如下。

①全面提高教师的综合水平。在学校民族传统体育教学中，体育教师在传授民族传统体育文化中起到主导作用，体育教师负责指导学生对民族传统体育知识、技术的学习。体育教师的职责不只是将我国宝贵的民族传统体育文化传递给学生，更重要的是要使学生认识到关心身心健康和增强体质是一种社会责任，并指导他们通过参与民族传统体育项目来实现科学的健身效果。因而各学校需要提高现有教师的民族传统体育理论知识和实践水平。具体可通过各种培训班、学习班、研讨会等形式来提高民族传统体育教师的专业技术和理论水平，为我国民族传统体育的继承与推广工作创造条件。

②适当聘请民间艺人开展教学。学校可以适当聘请民间艺人参与学校体育教学工作，请民间艺人定期给学生传授传统体育项目。学校可以利用民族传统体育文化课、特色活动和课外活动等时间聘请民间艺人给学生授课；也可以专门面向民族传统体育教师进行授课。

（4）加大民族传统体育教学经费投入

要想有效增加民族传统体育教学经费，则需要达到以下几方面的要求：第一，要保证重点民族传统体育项目的资金投入力度，重点发展比较成熟的民族传统体育项目，从而从整体上带动民族传统体育项目的发展；第二，全面兼顾一般民族传统体育项目的资金投入，从而保证一般民族传统体育项目的开发成效和发展成效都达到预期目标；第三，注意改善民族传统体育的场地和设施状况，在未来体育场馆的建设中考虑增加民族传统体育场馆，从而在一定程度上满足民族传统体育教学的需求。

（三）当代民族传统体育文化的发展走向

1. 物质特点的弱化与精神特点的强化

物质属性和精神属性一直是组成一个民族文化的关键因素。因此，从某种意义上说，文化就是由这两者所组成的。物质特性构成了文化的外在特质，是物质文化内涵的一部分；精神特征则是文化的内部结构，是构成精神文化的核心内容。体育文化属于文化范畴。在民族传统体育文化中，体育文化的物质和精神特质表现得尤为明显。这些元素不仅是民族生产和生活方式的综合体，也是一个民族文化特性的重要反映，同时也是区分不同民族文化的重要标志。民族传统体育文化既包含了一定历史阶段的物质形态，又包含着一定时期的社会政治思想，同时还具有深厚的文化底蕴和广泛的群众基础。

从现代社会学理论看，人类社会正处于现代化进程之中。这一特性主要体现在，随着人们在物质层面的互动关系逐渐加深，经济活动之间的联系也将变得越来越密切，使得整个世界逐渐形成一个不可割裂的整体。这就要求人们必须把自己看作一个有机统一的有机体，并通过各种形式和途径来进行这种整体性的自我更新。在这一大背景下，人们在体育活动中的互动变得尤为突出，这也导致了体育文化和物质生活方式的高度同质化。这使得体育文化精神方面的差异性日益增强。从历史发展来看，人类社会的进步总是以一定的物质财富和精神财富为基础的，因此，在人类文明演进过程中，物质与精神始终是相互促进的一对基本因素。随着未来全球经济一体化的步伐持续加快，物质层面的相互交融和渗透将比以往任何时期都更为显著，这种民族属性在物质和文化层面上的削弱将进一步加剧。因此，必须把对体育文化精神层面的研究放在一个相当高的层次上来看待。同时，在这一发展趋势中，民族传统体育文化的精神属性将逐渐得到增强。也就是说，如果不把民族性因素从"物质性"成分之中剥离出来并加以重视和利用，那么所创造出的体育文化将会失去它本来应有的特色与魅力。所以要注重将优秀的民族传统体育项目融入现代社会中，让其更好地为我国的社会主义现代化建设服务。

2. 传统特点与时代特点的互补与共存

传统，作为维护文化存续的关键力量，只会在未来社会中得到重塑，而不会逐渐消失。因此，民族传统体育文化将随着人类历史的不断向前推进而不断完善，其内涵必将不断丰富。未来的体育文化不代表民族传统体育文化的瓦解，而是代表着民族传统体育文化的重生。这种再生，就是要把原有的民族传统体育项目转化为现代体育运动项目或运动形式，从而使之具有现代化的意义。民族的传统体育文化正是在新旧文明的交融、吸纳、重塑和冲突中，朝向未来的世界迈进的。

民族传统体育文化不仅融合了鲜明的民族特色，同时也展现了鲜明的时代印记，从而构建了一个民族传统与当代精神相辅相成、共同存在的体育文化新格局。从某种意义上来说，未来中华民族传统体育文化发展的趋势就是向多元方向拓展，向着开放化、多元化的方向迈进，朝着现代化的方向前进。人们要从多元视角去审视自己所生活的社会历史环境，从而更深刻地理解自身的生存方式，从而更加自觉地维护和传承本民族的特色体育运动。因此，民族传统体育文化的包容性和涵盖性，注定会成为未来民族传统体育文化的价值导向。从某种意义上讲，当代中华民族传统体育文化就是中华民族精神和中华文化在新世纪新阶段的具体实践形态。从历史上看，西方发达国家，特别是美国、德国和英国，都曾先后经历过不同程度的传统体育文化转型过程，其成功范例为我国提供了宝贵的经验。这明确地表明，民族的传统体育文化不只是不会阻碍现代体育的进步，它还将极大地推动现代体育文化的繁荣，并将其更有效地引领向未来。

在中国的多个少数民族地区，传统体育文化中传统与时代特色的相互补充和共存是一种普遍存在的现象。多年来，由于社会经济发展的不均衡性、历史原因的多样性，以及各种不同的自然条件，各个民族的发展水平存在显著的差异。这就决定了这些民族地区的经济社会发展水平往往处于一种"后发优势"状态。在中国这个持续走向现代化的时代背景中，应该实施一些特定的策略，并通过某种恰当且高效的政府介入方式，迅速帮助这些经济落后的民族地区在实现脱贫和致富的基础上，进一步发展他们的民族传统体育文化。这样做不仅可以使这些民族摆脱贫困，而且也能促进社会稳定，有利于社会主义和谐社会的构建。为了实现这个目标，最关键的是要引导这些民族改变他们的文化观念，将他们从传统的封闭生活方式转变为现代的开放生活方式，加速他们的文化转型。这种文化转型是在外部因素的积极引导和影响下实现的，这将不可避免地导致社会发展的超常规性和跳跃性，并可能出现跨越几种社会发展模式的特殊情况。例如，基诺族从过去的原始父系氏族社会直接转变为社会主义商品经济社会，与此同时，许多基诺族的传统体育项目也被整理和推广，这是一个非常典型的例子。这种跨越不仅意味着原有的一些传统体育运动项目会发生质的变化，而且还可能导致某些运动项目本身及其他方面都发生相应的转变。在这种跨越的过程中，民族的传统体育文化特色与现代体育文化的时代属性形成了互补和共存的关系，这两方面都将共同应对未来可能出现的各种挑战。

3. 多元性与世界性特点的交汇

多元性特征意味着民族传统体育文化将在未来的演变中，摒弃过去那种单一和纯粹的民族传统体育文化模式。它将以更加主动和开放的态度来接纳和吸纳各种不同的体育文化元素，这种多元化特性也意味着我国民族传统体育文化必将朝着一个更为广阔、更具包容性的方向迈进。

对于民族传统体育文化的多样性，明确的要求是，体育文化的发展模式和结构都应满足多样性的标准，其中同时包含不同民族传统体育文化成分的含义和不同体育文化种类的含义。随着世界范围内各种文明形式相互渗透融合的趋势日益加深，在当今世界上已经形成了多元一体的文化景观。这些体育文化融合了传统、现代、东方和西方的元素。这不仅是体育文化自身发展规律的需要，更是经济全球化的必然结果。我们正生活在一个体育文化真正实现融合的时代。这不仅是历史上各民族间相互融合、相互影响的结果，更主要的是各国人民对自己本民族优秀传统体育项目不断认识和了解的必然结果。在这样的融合过程中，体育文化自然地展现出了一种全球性的特质，这种特质可以被不同的国家和民族所理解和接受。

第四章 民族传统体育文化的传承与发展分析

本章对民族传统体育文化的传承与发展进行分析,主要包括四个方面的内容,分别是民族传统体育文化传承的理论、民族传统体育文化传承的必要性和形式、民族传统体育文化发展的现状分析、民族传统体育文化发展中存在的问题分析。

第一节 民族传统体育文化传承的理论

一、民族传统体育文化传承的理论凭据

(一)以哲学为凭据

民族传统体育文化是诞生于民间的一种自然形成的文化形态,它带有浓重的民俗色彩,以一种缓慢、自然的方式演化得来,这一类文化传统的特性是看似松弛随意,实际上其内在承袭着悠久的历史血脉,不会轻易被影响和改变,常常以一种十分倔强的方式坚持着原有的主张和轨迹继续发展。例如,在我国民族传统体育文化传承实践中,存在着一些违背现代体育精神和体育发展规律的现象,应该从哲学的高度来进行纠正,确保民族传统体育沿着自然、健康的轨道发展下去。以相关的哲学依据为民族体育的持续发展提供支持。

(二)文化三层次理论

从文化结构三层次的理论来看,文化有物质层次、制度层次和精神层次三个层次。民族传统体育文化主要体现的是其精神文化内涵,包括道德、审美、信仰和价值观等。民族传统体育文化凝聚着强烈的民族情感。

它们是维持民族传统体育不断传承的核心力量。体育行为是精神内涵的外在

延伸，且始终受到精神内涵的支配，只要其精神层次的内容不变，外在的体育行为便不会异化变质。

（三）明确主要责任

民族传统体育本身是一种起源于民间的"草根文化"，它的庞大根系深深扎根在民间文化和生活习俗之中，是与当地族群的生息繁衍密切相关的一种生活方式的体现。因此，在进行民族传统体育文化传承的过程中，要明确民间是文化保护的主体，也应当承担起主体的责任和义务。

而政府无论是进行政策扶持还是进行财政方面的大力投入，其扮演的都是辅助者的角色，是对民族传统文化的保护和抢救，最终还是希望民族传统体育文化能够自主、健康地传承下去。比如在欧洲，近年来政府在文化遗产保护中扮演的角色逐渐趋向于发挥辅助功能。特别是文化遗产保护水平较高的法国，其政府与相关的民间协会签署了一系列的契约，充分明确和肯定了民间在文化遗产保护中的主体地位，即民间享有对文化遗产的认知和管理权，政府更多地发挥其组织协调资源的职能，通过制订相关的政策法规为非遗的保护工作创造良好的制度环境和舆论氛围。

二、民族传统体育文化传承要素分析

民族传统体育文化能够传承至今是非常不容易的。为了能够顺利传承，一些要素不可或缺，详情如下。

（一）民族传统体育文化的传承者

任何事物的传承都需要一个媒介，而人是最适宜的媒介。对于包括武术在内的我国众多民族传统体育文化项目来说，其传承都带有传统特色。但无论如何，人永远是文化传承的关键，不仅从古代到现代是这样，从现代到未来也是如此。

1. 传承者的定义

民族传统体育文化的传承者，指的是直接参与传承民族传统体育文化、使之可以不断沿袭的个人或群体。

传承者的确定并不是一件简单的事情。在确定前，首先要对他们进行一系列步骤的培养，然后对其用不同方式进行考核或考察，最后以其对民族传统体育文化传承知识的掌握情况为依据来进行确定。民族传统体育文化的不断繁荣与发展离不开传承者的努力，传承者是对民族传统体育文化进行保护的关键。

2. 传承者的价值

传统体育是我国的一项重要的非物质文化遗产，即在保护非物质文化遗产的过程中，传统体育的传承也是需要进行关注的重要方面。传统体育的延续是通过传承得以实现的，传承的过程具有动态性的特征，人是传承体育文化的主体，传承者的工作是对民族传统体育文化进行保护的关键环节。

有学者认为，民间艺人与文化宝库是可以等同而言的，民间艺人的消失就意味着文化宝库的毁灭。民族传统体育文化的传承者也是一个文化宝库，其负载着有关民族传统体育文化的许多重要信息。传统体育的传承和发展是通过传承者的口传身教来实现的，传承者在传递民族传统体育文化方面扮演着关键角色。他们需要持续地深入研究，并吸取各方的优点，以充分发挥自己的智慧和灵性，这样才能很好地对传统体育的文化精髓和丰富内容加以贮存与传递。

传统体育的持续传承和进步，很大程度上依赖于传承者的作用。随着人类认识自然及改造世界能力的提高，人们开始意识到非物质遗产对于一个国家乃至整个世界的重要性，从而把目光投向非物质文化遗产。在《保护非物质文化遗产公约》中，联合国教科文组织详细解释了非物质文化遗产的定义，并且提到非物质文化遗产在社区与群体中能够不断得到再创造，民众对它的认同感也是持续的。《保护非物质文化遗产公约》中所提到的这些都是以"人"为出发点的。

因为传承者非常重视自己的传统技艺，并出于一种类似于主动保护知识产权的心态，他们不会轻易地把自己的传统体育技能传授给其他人。因此传承传统体育的人通常是较少的并且有十分精湛的技艺。或者说，民族传统体育文化的传承是需要一代一代"接力"的，如果出现中断，就可能意味着一门武学将要走向消亡。

民族传统体育文化的传承者不但能够对武学加以继承，促进其持续发展，而且还能够促进传统体育的传播与创新。传统体育之所以能够发展为如今所言的流派，是因为其适合发挥个人技艺，人们可以在相关传统体育理论的基础上进行个性化的创造——尽管环境（学习环境、家庭环境、社会环境等）具有决定性的影响，但当事者的能力与个性也具有十分重要的作用。

3.传承者的权利和义务

在对传承者进行评选与确定时,要提前对传承者的权利和义务做出明文规定。传承者有权依赖自己的专业技能来进行各种相关活动,这些活动主要涵盖了教学、学术探究、艺术传播和创作等方面,这一权利应当受到法律的全面保护。

传统体育传承者的权利是多样性的,具体包括传艺、举办学术讲座、开展学术研究以及出版和表演等方面,而这些权益在民事法律和非物质文化遗产保护的相关制度中得到了保障。一旦国家确认了传统体育领域的非物质文化遗产的代表性传承者,相关法律将会对他们的收入和生活品质给予保障。对传承者实施经济补贴目的主要有两个方面:一方面是使传统体育传承者的基本生活得到保障,使其专注于传统体育传承工作;另一方面,通过保护这种权利来使国人尊重其传承的事项,从而促进民族传统体育文化的传承和发展。

传承者的合法权利应当受到法律的保护,与此同时,法律对传承者的基本义务也要做出规定。传承者有责任确保自己所掌握的知识、技能以及相关的原始资料、场所、建筑和实物等得到完整的保护,并且应当依法进行非物质文化遗产的展示和传播活动。同时传承者还要遵守一定的职业道德和行为规范。如果条件允许,传承者可以通过书面著作来传承民族传统体育文化。

传统体育传承者要严格履行自己的义务,将个人技艺向后人传授。传承者在传承过程中应当积极保护自身的文化财产,使其成为社会财富的一部分。特别是那些获得国家经济补助的传承者,他们更应该主动并自愿地传授自己的技能。

(二)民族传统体育文化的传承方式和路径

民族传统体育文化作为一种重要的非物质文化遗产,具有鲜明的民族性特征。关于民族传统体育文化的继承,存在多种不同的方式和路径。这里就来论述一下传统体育的传承方式与路径。

1.民族传统体育文化的传承方式

(1)生活方式

这里所说的生活方式,是指一个民族的传统体育活动与其日常生活息息相关的方面。这些活动可以分为物质生活方式和精神生活方式两大类,不仅体现在传统体育活动的形式中,还具体表现体人们的生产劳动和与日常生活紧密相连的行为模式中。

一个民族的生活方式，能够完整地展现其传统的体育文化活动，这种方式是民族多年来逐渐形成的。它以自己独特而稳定的形态存在于这个民族中，具有很强的稳定性，并且可以得到本民族人群的认可。大家共同遵守这一种生活文化习性，通过传承的方式继承和发扬下去，并一直传递给子孙后代，这展示了一个民族深厚的文化传统，同时也体现了该民族独特的文化理念。因此，不同的社会发展阶段中，各少数民族人民都有自己独特的生活方式。这样的生活模式融合了民族的物质与精神文化，显示出其相对的稳固性。但也会随着社会的变迁而改变，并带来民族传统体育文化的变化与革新。可以说，传统生活方式的改变必定会引起民族传统体育文化的变革。

（2）宗教信仰

宗教信仰可以定义为信仰特定宗教的人对他们所信奉的神圣事物的深厚敬意，从最初的崇拜到最终的认同，进而形成坚定不移的信仰和全身心的归依。宗教信仰具备着特殊的社会意识形态，是一种独特的文化现象。从某种程度上来讲，宗教文化的发展历程中不仅记录了人类体育文化的发展史，同时还对民族传统体育文化的传承具有巨大的促进作用，是民族传统体育文化的一种传承方式。

宗教的文化传承作用是不可被忽视的，主要体现在以下几个方面。

①宗教就好比一部百科全书，对承载文化、发展文化有着巨大的推动作用。这在原始宗教的内容上得到了充分的体现。相关学者指出，原始宗教里不仅包含着原始哲学、原始神话、原始音乐舞蹈、原始天文历法、原始风俗民情等这些大的方面的内容，还包含着原始社会先民的意识的和行为的、精神的和物质的全部内容。

②民族的文化价值观念在其宗教信仰中得到了充分的体现。在我国一些信仰原始宗教的少数民族中，对宗教价值的认识构成了民族传统体育文化的重要内容。

③宗教的文化传承具有文化聚合作用，这个作用是极其突出的。在这里主要表现为，在弘扬和传承民族传统体育文化的过程中，宗教不仅可以最直接和最有效地规范人们主动参与传统体育活动的行为，还可以有效地控制民族传统体育文化，从而整合人们的文化观念，使其认同民族传统体育文化。

（3）节庆习俗

节庆指的是在某个固定的日子，以特定节日为主题举行的民族传统体育文化活动，这是一种民族性的、约定俗成的、世代相传的一种文化活动。节庆习俗主要体现在每个民族特有的传统庆典活动中，它不光是一种庆祝的方式，更是民族传统体育文化传承的一种方式，对传承和发扬民族传统文化起到至关重要的作用。

从种类角度来看，节庆习俗主要可以被划分为五个独特的类别：原始崇拜类、宗教祭祖类、农事集贸类、爱情交友类和娱乐狂欢类。这些内容丰富、形式多样的节庆习俗为研究和继承我国少数民族传统体育提供了一个广阔的舞台，使民族传统体育文化显示出无穷的魅力，从而使人们有机会去了解这些灿烂的文化。

（4）语言与文学艺术

语言不仅是思考的工具，同时也是文化的标志，与民族传统体育文化有着深厚的联系。因此，在分析和研究民族传统体育文化时，必须首先考虑到其所承载的语言特征。

美国知名的语言学专家萨丕尔和沃尔夫提出了"萨丕尔—沃尔夫假说"，这一假说清晰地阐述了语言是决定文化模式的关键因素，并对传统语言学中对文化作用的排斥进行了反驳。他们认为语言是一种社会现象，并以自己独特的研究视角，揭示了语言背后所隐藏的深层结构，为我们提供了一条从语言入手来认识民族传统体育文化内涵的途径。虽然直到现在语言与民族文化的关系仍然没有确定下来，但有一点是毫无疑问的，那就是当人类没有发明文字之前，语言对民族传统体育文化的传承起到了重要作用，这是显而易见的。

从本质上说，文学艺术是人类精神文化的一部分，它的起源和演变始终伴随着人类的整体文明历程，并在各个民族中展现出其独特的风格和特色。文学艺术所具备的独立的精神文化体系之所以被人类在物质生产方式之外又创造了出来，是因为文学艺术不仅满足了人们的精神需求，还承载了传承的使命。所以说文学艺术是一个国家或地区文化传承中不可缺少的部分，而这种艺术形式又常常被人们用来作为传承民族优秀文化遗产的手段。人类文化的传递不仅包括物质方面的继承，还涵盖了精神层面的传承。原始文学艺术作品是原始先民们最直接的精神食粮，而这些作品又都是通过艺术形式来实现的。直到现在，文学艺术在继承民族传统体育文化方面的作用仍然持续存在，同时顺应时代发展，还衍生出引导和重塑的功能。

2. 民族传统体育文化的传承路径

（1）宗教传承

历前，由于生产力水平的落后，原始人对于许多自然现象无法理解，就幻想着有神灵的存在。因此，祭拜神灵就成为教化全民的活动。这种人类历史上古老而又普遍的社会文化现象，在社会和人类发展的各个方面发挥着重要的作用。

宗教在两个主要层面上对民族的传统体育文化产生了深远的影响。第一层是浅层层面，它展示了民族传统体育文化在宗教活动中的具体表现；第二层则是深层层面，即宗教与民族传统体育之间有着千丝万缕的联系。在更深的层面上，它透过宗教文化对人们心灵的作用展现出来，这种影响主要是通过各种宗教教条以及外部的仪式和规定来塑造和指导人们的精神世界。

人们在宗教祭祀过程中通过身体活动形成了最初的体育活动意识，同时接收到一种精神上的激励信号，这些信号有助于增强集体的凝聚力，并在各种身体活动中让本族人达成与本民族文化的共鸣。

宗教活动对有宗教信仰的民族来说是头等大事。每逢祭祀活动，本族所有人都会参与进来。祭祀活动一般都涉及身体活动，其传播的深度和广度是其他活动所不具备的。在这种祭祀活动中，传统体育也有所体现。例如，水族的端节是一个祭拜祖先的传统节日，当端节即将来临时，水族的同胞们会前往端坡进行赛马活动。水族的赛马活动更多的是为了营造节日的氛围，同时为本族青年男女营造搭讪和约会的机会。

（2）教育传承

教育是民族传统体育文化传承的重要途径。教育也是个复杂的系统。任何一种文化现象都必须通过教育的途径产生并凭借教育机制来进行传承与融合，民族传统体育文化也不例外。教育具有传递社会生活经验并培养社会活动的功能，所以，引申到民族传统体育文化上来，教育可以通过主动培养具有民族传统体育文化传承意识和素质的人才来实现民族传统体育文化的传承。

在原始社会中，教育尚未迅速崛起，缺乏专门的教师和教育机构，因此教育活动是自然产生的。水族儿童受家庭影响较大，家长们在家里就开始教他们骑马和摔跤等技能。在教育的早期阶段，主要的教学方法是以身作则，如大量的身体模仿练习，以及充满体育活动的重复游戏。随着社会经济水平不断提高，人们的生活条件得以改善，教育观念逐渐发生变化，教育行为也发生了转变。

①家庭教育传承。家庭教育通常是指父母通过教育行为来影响子女的心理状态和行为习惯，进而达到培养其良好品质的目的。不管是什么样的文化，家庭都是对新生一代进行各种训导和教育，完成民族文化传承的重要对象，是一个孩子健康快乐成长的摇篮。在家庭中，父母是孩子的第一任老师，要树立起榜样，运用各种方式教育好孩子。运用的教育方式有正式的、仪式性的，还有非正式的、随意的，也可能是一种情感上的关心与关爱。究其原因，可从以下四个方面概括。

第一，家庭教育在孩子的整个教育旅程中占据了重要位置。孩子的家庭教育可以被视为传统文化继承的前线，也是传统文化继承的初始阶段。

第二，通过家庭教育来继承和发扬传统文化，是我国每一个家庭都应当承担的责任。通过家庭教育传承传统文化有利于培养良好的道德品质，有助于形成正确的价值观与人生观，为构建和谐社会提供智力支持。家庭教育，作为教育的核心载体，无论是从法律的视角还是从孩子的全面成长的视角，都应当致力于传承和推广传统文化。

第三，家庭教育在继承传统文化方面具有其自身独有的优点。家庭教育不仅是一种生活方式，更是一种行为方式，它与学校教育、社会教育一样占据着同样重要的地位，共同为培养学生良好的思想道德素质服务。家庭环境在塑造个体行为模式方面起着至关重要的作用。家庭教育也能使儿童接受良好的道德品质教育和思想政治教育。在这样的自然环境中进行的教育，对于孩子的性格塑造、人际交往能力和道德修养的提升，具有学校教育和社会教育所不能取代的独特价值。

第四，家庭教育具有深远的历史意义。中国古代教育家对家庭教育也非常重视。家庭教育有着深厚的历史背景，当家庭这一概念被确立后，家庭教育的理念也随之形成。在我国古代社会中，家庭教育占据着独特的历史地位，并形成了一套完整的体系。中华民族的传统家庭教育非常注重德育和启蒙教育，同时也高度重视外部环境对家庭教育的影响。

②社会教育传承。家庭教育传承固然重要，但有时这种形式不能有效地进行民族传统体育文化的传承。对于绝大多数人来说，他们在获取传统的文化观点和知识时，更多的是依赖于社会教育中所包含的风俗和习惯。因此，可以认为，民

族传统体育作为一种文化现象存在于社会中，它不仅是人类历史上一个重要而独特的文明形态，而且也是一个国家或地区精神文明程度的象征。

体育文化的形成是人类遵循文化发展结构性规律的结果，它来自日常生活实践，并逐渐从生产生活中独立出来，可以说体育文化具有生活性的特点。生活构成了民族传统体育文化的基础，只有在这样的理解下，民族体育才能在社会层面的生活教育中获得传承的推动力。

（3）民俗传承

①社会民俗传承。社会民俗所涵盖的内容包括某一民族以及各类社会职业团体的生活仪式和年度传统等。这种文化现象是在一定的社会形态下形成和发展起来的。民族传统体育文化并不直接带来物质上的收益，它更倾向于被视为一种精神上的文化。正是基于这个原因，它经常与各种节日庆典相结合。首先，民族传统体育文化项目是节日庆典中的重要组成部分，以身体活动的形式传达节日庆典的深层含义；其次，民族传统体育文化也可以凭借节日庆典对民族生活产生影响以达到传承目的。

②口承语言民俗传承。口承语言民俗主要表现在语言文学艺术的各个方面，它涵盖了各种神话故事、民间传说、歌谣和诗词，以及谜语、民谚和民间艺术等多种形式。它们不仅在民间广为流传，还被改编成各种不同样式的戏曲、舞蹈、杂技。

（三）民族传统体育文化的传承环境

传统体育的传承需要依托一个良好的环境才能顺利进行，它受到各种自然因素和社会因素的影响。传统体育的传承环境分为两类——自然环境和社会环境，这两者之间相互影响，相互制约，统一为一个整体，体现在传承单位、传承基地和文化生态保护区三个方面。这三个方面对传统体育的传承起到了至关重要的作用。

1. 传承单位

在非物质文化遗产的相关保护措施中有关于"代表性传承单位"的提法，这就意味着同时还存在着普通的"传承单位"，这两者的关系主要是精英与普通者之间的关系。要成为传统体育代表性传承单位需要满足以下四个条件。

①以弘扬和保护传统体育为主，并且经常开展一些相关比赛、表演等。

②要具有一些在学术研究和技理传播方面具有一定成绩的传统体育传承人，这些传承人必须积极开展和参加传承活动。

③要有一些传统体育的原始资料和实物，进行了相关科研探索，并取得了一定的成果。

④在一定范围内，得到具有代表性和较大影响力的公共人物的认可。

2. 传承基地

传承基地也是传统体育传承环境的一种表现形式，其中最为常见的便是人人都会接触到的学校。2007年传统体育被列为中小学体育课程的必修内容，虽然这一举措令传统体育得到了更为普及的发展，但总的来看，对于培养传统体育传承人这一目标来说，其并不是最理想的培养方式。因为学校教育并不是终身制的，一旦学生离开学校并且不以传统体育为职业的话，就失去了传承意义。这也是把学校当成传承基地的缺陷。

另外，通过对一些省市的非物质文化遗产保护工作进行经验总结可知，可以将传承单位作为核心，适当外延，如某学校的传统体育系是传承单位，可以申报此学校为传承基地。这是一种对民族传统体育文化进行弘扬和传承的有效方法。

3. 文化生态保护区

民族传统体育文化生态保护区是一种对民族传统体育文化中所涉及的所有的人、物、环境进行整体保护的方式。保护范围包括相关的活动场地、相关的人群、相关的社区、相关的文化以及相关的环境等。因为涉及的范围和内容较多，所以难度很大，目前我国正处于探索的阶段。

民族传统体育文化生态保护区与传承单位不同，前者的灵活性较差，受到很多因素的束缚。比如说，民族传统体育文化生态保护区相当于传统体育的故乡，而传承单位相当于传统体育的家，家可以在故乡也可以在异乡，但是故乡必须具有更加原生态的乡土环境，不能脱离传统体育产生、发展的自然环境等条件的约束。

传统体育之乡的评选也是对传统体育传承环境进行保护的一种方式，为了达到预期的效果，通常会以举办传统体育竞赛的方式进行。既然是竞赛，势必会导致传统体育向竞技化转变，这对民族传统体育文化生态也造成了一定程度的破坏。因此，鉴于传统体育之乡并没有相关措施做保障，还是建议建立民族传统体育文化生态保护区。

由上述可知，首先要有符合一定条件的组织和团体形成传承单位，然后以形态保存完整、具有特殊价值和鲜明特色的民族聚居村或者特定区域为基础建立传承基地或文化生态保护区，同时鼓励相关单位利用传承基地等多种形式进行传统体育的传承工作。

（四）民族传统体育文化传承的意义

我国的体育文化是一种复杂的文化现象，它在民间表现出三种不同的形态。第一种形态是传统的体育体系，它主要涵盖了武术、导引、气功、太极、狮龙舞和龙舟等多种元素；第二种形态是现代竞技体育体系，该体系是以奥林匹克运动为核心发展方向的多样化运动项目的集合；第三种形态是以教育为核心，全方位推动学生身心健康成长的学校体育结构。

民族传统体育文化作为一种特殊的历史产物，它所承载的精神价值也随着时代的进步而不断得到丰富，并对当今社会产生了深远的影响。民族传统体育文化不仅逐步形成了高度协调和统一的人文学科内涵和外延，而且还深刻地体现了其包容性强的特质。随着改革开放的进一步深入，我国民族传统体育运动也得到了长足的进步，并形成了自己特有的风格。民族的传统体育文化已经变成了中华民族现代体育结构中不可或缺的一部分，这主要表现为两方面：一方面它正伴随着社会主义建设前进，作为一种精神渗透于社会的各个领域；另一方面它彰显着传统文化的魅力和价值，为我国各族人民美好生活和"中国梦"的实现做出了积极的贡献。

（五）民族传统体育文化传承的反思

1. 生存基础的消逝

我国地域辽阔，民族众多，每一个民族都会因为环境条件、生活习俗和生产方式的不同而形成独特的文化特性。随着时代的发展，人们更愿意看到传统体育的娱乐价值，而对其他的价值则有一定的轻视；人们的距离日益被拉近，使得民族传统体育文化的某些重要特征面临消失的危机；而快节奏的生活方式和繁忙的学习与工作使得如今主动去传承传统体育的人寥寥无几。

2. 边缘化现象严重

我国的民族传统体育文化是经过几千年的中华文明的洗礼后才有如今的发

展的。相关工作者进行不懈努力后收集的结果证明,我国民族传统体育文化内容丰富而深远,所有少数民族的传统体育项目加起来一共超过了670项,而汉族传统体育项目超过了300项,二者加起来接近1000项。然而,随着体育的日益全球化,我国民族传统体育文化的生存面临极大压力,部分少数民族的传统体育项目和文化逐渐被弱化,甚至销声匿迹,有些项目随着现代生活日渐衰落,无人问津。

3. 侵权行为的侵袭

我国民族传统体育文化具有广泛的影响力和深厚的文化内涵,所以文化侵权纠纷在所难免。比如大家所熟知的"少林"这一商标,国内有上百家企业进行注册和应用,几乎涉及各个行业;而在国际上,相当多的国家也在抢注"少林"或"少林寺"商标,以"少林""少林寺"的影响力进行商业牟利。这些行为不仅侵占了我国的民族传统体育文化资源,同时也侵蚀了中华传统体育的名誉权,对我国民族传统体育文化造成了极其恶劣的影响。

当下,我国非物质文化遗产保护的相关法律条文还不完善。虽有联合国教科文组织颁布的《保护非物质文化遗产公约》和国务院颁布的《关于加强我国非物质文化遗产保护工作的意见》两部法律法规条文,但时至今日,国内还没有一部保护非物质文化遗产的专门性法律。在现阶段只能在一定程度上给予民族传统体育文化知识产权保护,显然,这是远远不够的。

4. 创新精神不足

当前,我国民族传统体育文化在应对西方体育文化的冲击时,有一些不良的反应和倾向,那就是全盘西化,模仿西方的体育文化,而没有"取其精华、去其糟粕"地进行创新。要知道,西方体育文化其理论依据是西方近代科学的身体观和生命观,强调竞技特性,极其重视竞争性和功利性。这一点同倡导中庸、重文轻武的我国民族传统体育文化的内涵和理念是完全不同的。如果我国的民族传统体育文化仅仅是盲目地模仿西方的竞技体育文化,而忽视自身文化的历史特色,不能从自身文化出发,结合时代的发展趋势进行积极的创新,那么,我国民族传统体育文化的传承和发展之路将会困难重重。

5. 外来竞技体育文化的冲击与异化

随着经济全球化的推进,外国的竞技体育文化逐渐侵蚀了我国的民族传统体育文化，导致传统体育项目和体育文化遭受了不同程度的异化。

近年来，受各种因素的影响，如太极拳、武术馆、象棋馆等场馆的发展参差不齐。从事各种拳术、舞龙、舞狮等表演的人也逐渐老去，部分传承人对其内在的文化理念与价值观念了解得不深。

要正视的是，我国民族传统体育文化正在被西方竞技体育竞技化和商业化的价值观所影响。因此，在应对经济全球化趋势的过程中，需要持续呼吁保护和传承我国的民族传统体育文化。要注重文化的传递，保护好先人留下来的文化瑰宝。

三、民族传统体育文化传承的文化自信与人民主体理论

在民族传统体育文化传承的理论体系中，主要涵盖了坚定的文化自信和以人民群众为主体的观点。只有这样才可以为我国民族传统体育文化提供一个良好的继承和发扬环境，促进其健康持续地向前发展。

首先，要坚定文化自信。如何增强国民对文化的自信，使他们能够更为从容地应对在智能时代，由网络发展引发的多元文化挑战，已经成为教育者和传统文化保护者最为关心的核心议题。应将民族传统体育项目融入高校教育之中，通过其自身独特的魅力和优势来吸引大学生群体参与其中，以此培养出具有优秀道德品质、健康体魄及较高综合能力的人才。其次，还需要进行深入的工作反思，明确民族传统体育文化在继承和发展过程中可能遇到的问题，梳理工作的关键点，并协助其走出发展的困境。再次，要加大宣传力度，让更多人了解和认识民族传统体育文化，并将这种思想内化为人们的自觉行为。最后，应该拓宽视野，将民族的传统文化推向国际，让它在全球舞台上熠熠生辉，增强民族文化的国际影响力，从而进一步增强我国的文化力量。

"四个伟大精神"不仅是对"人民群众主体论"的总结，同时也反映了马克思主义的"人民主体论"以及新时代的"人民中心论"。人民是推动历史前进的根本力量，人民群众才是创造社会财富的真正力量。毕竟，伟大的人民始终是民族传统文化传承和发展的不可或缺的部分。民众参与到民族传统体育文化活动中来，不仅可以丰富民众生活、增强国民体质，还能有效地推动国家经济的发展与社会的进步。只有真正关心民众的感受和体验，并鼓励他们主动参与，才能让普通人真正感受到体育活动的乐趣，并增强他们对于民族传统体育文化的归属感。

普通民众不仅是杰出的民族传统体育文化的缔造者和传承者,而且在新的时代背景下,他们是推动这一文化向前发展的关键力量和主要的受惠者。

第二节 民族传统体育文化传承的必要性和形式

民族传统体育,作为民族文化中的一个核心部分,其传承的各种现象、途径和规律都被明确地纳入了民族教育学的研究领域。对于这些问题的探讨,无疑也可以借助民族教育学的相关理论来加以解答。传承可以理解为民族传统体育文化在时间轴上的连续传承,也就是历史的纵向连续性,它代表了民族传统体育的一种传播手段。民族传统体育的传承过程具有一定的社会性特点,这就决定了它的传承必须依赖于相应的社会关系。特定的社会联系和需求为人们在选择文化遗产时提供了一定的自由度,同时也为古代智者解读先进思想提供了特定的性质。民族传统体育的延续,就是以一定的形式将其表现出来,并为之服务,这就构成了民族传统体育传承的基本特点。不同地区或国家的少数民族由于其独特的自然环境、风俗习惯、宗教信仰以及生活方式等因素形成了各具特色的民族传统体育运动项目。原始的民族传统体育活动不仅保留了各自民族的传统活动方式,还吸收和借鉴了其他民族的活动元素。通过不断的传承、变革、回馈、融合和发展,这些活动最终形成了现今的民族传统体育项目,并成功地保留了民族传统体育文化。这样的传承性质在维护民族团结上起到了巨大的作用。

一、民族传统体育文化传承的必要性

各个民族的传统体育文化都有其独特之处,它们是我国传统文化中不可或缺的一部分。民族传统体育与其他优秀文化一样,都具有强大的生命力。在当今社会,民族传统体育已成为人类共同拥有的财富之一。

(一)民族传统体育文化发展与传承的要求

一个国家的传统体育就如一个国家的名片,重要而独特,借助传统体育并结合传统文化向国际范围传播,能最终影响国家形象、民族文化、思想和价值观、经济等。我国的民族传统体育拥有深厚的历史背景,作为一种特殊的体育运动形

式，民族传统体育有着丰富的内涵。它不仅是民族文化中不可或缺的一部分，同时也是中华文化中的一颗璀璨明珠。在漫长的历史进程中，民族传统体育项目因其内容的丰富性和形式的多样性而逐渐形成。许多这样的体育项目，在经过一系列的再加工和艺术创作后，依然在各种民间赛事和庆祝活动中表现活跃。

（二）保护民族非物质文化遗产的要求

对非物质文化遗产的保护，实际上是对各个地区和不同族群的独特文化和精神特质的尊崇。随着经济全球化趋势的加强以及现代社会生活方式的转变，如何将优秀的民族传统体育纳入现代化建设的轨道上来，使之更好地服务于社会主义精神文明建设已成为一个重要课题。在最近的几年中，国家对民族传统文化的保护给予了极高的关注。为此，我国陆续推出了多项措施来保护非物质文化遗产，众多的民族传统文化和技艺也被纳入了国家非物质文化遗产的保护名单中。尽管对民族传统文化的保护已经取得了某些进展，但依然存在众多的挑战和问题。目前，在我国一些地区还存在着诸如传承主体缺位等诸多现实困境。民族传统体育文化，作为民族传统文化的一个组成部分，面临着严重的资源流失问题，很多传统体育活动正处于消失的风险之中。而民族传统体育文化反映了一个民族的历史和文化，一旦失传，将无法弥补。所以，进行民族传统体育文化的传承是势在必行的。

二、民族传统体育文化传承的形式

（一）口传心授

传统体育属于传统文化中的技艺类，"口传心授、效法模仿"是其主要的传承形式。从字面上来理解，"口传心授、效法模仿"分为两个部分：首先是言传，其次是身教。这两种方式所传达的含义和涉及的主题并不完全相同，前者是教授方法，而后者是教授技巧。前者更侧重于学习者对技术动作的深入理解和感受，而后者则更倾向于模拟传授者的身体动作。因此，要想使受教育者掌握某种技术，必须通过一定的途径来进行训练和培养，这一过程就是"口传心授、效法模仿"。被传承者在长者的教授下逐步学习和掌握传统体育项目，尤其是那些技巧性和危险性较大的体育项目，经常采取"口传心授、效法模仿"的形式。

（二）教育传承

教育被视为民族传统体育文化传承的关键路径，它不仅是人类文化产生和发展的核心机制，而且也是一个民族无法回避的历史遗产。教育对传统文化具有制约作用。在我国民族传统体育项目中蕴藏着丰富的教育资源，这些资源可以通过学校课程加以开发和利用。每一种文化现象的产生和传承，都离不开教育的支持，其中也包括民族传统体育文化。在一定意义上说，教育就是将知识转化为能力的过程。换句话说，传播社会文化是教育的根本职责，并且是通过培育人们的各种活动来达成的。因此，教育可以通过培育具备民族传统体育文化传承意识的人才来实现民族传统体育文化的传承。我国历史悠久，有着灿烂的历史文化遗产。在原始社会中，由于缺乏专业的教育机构和全职教师，教育成为一种自然的过程。随着人类社会生产力水平的不断提高，人们开始有意识地利用各种物质技术条件对自身所从事的劳动加以改造并使之成为一种特殊技能。民族传统体育与民族教育是相互补充的。民族传统体育不仅是民族教育的一部分，反映了民族教育的原始面貌，而且还需要依赖民族教育来进行相应的调整和变革。教育对民族传统体育的传承又分为家庭教育、学校教育和社会教育三个传承途径，前面已谈论过家庭教育和社会教育，下面主要针对学校教育展开论述。

在现代社会中，民族传统体育文化的传承应首先定位于学校教育，因为学校教育是文化传承与传播的重要渠道。与家庭教育和社会教育相比，学校教育可以让受教育者进行系统的理论知识的学习。民族传统体育文化的传承可以分为参与式传承和专业化传承两种方式：参与式传承是指积极参与并热心支持民族传统体育文化的传承，而专业化传承是指具有系统的知识结构并以研究民族传统体育文化为主要职责。将民族传统体育文化纳入学校教育的相应课程中，不仅能让民族传统体育的文化内涵传承得更加系统与科学，此外，这也有助于加深个体对民族文化的情感，进而能够以科学和规范的方式继续传承和发扬民族传统体育文化。在学校教育体系中，民族传统体育的传承可以从两个主要方面来看：一是校园内的民族文化建设，二是民族传统体育课程的设计以及竞技项目训练。

1. 校园内的民族文化建设方面

校园文化着重强调的是一种精神环境和文化氛围，它包括校园物质文化、校园制度文化及校园精神文化三个方面的内容，这三种形态具有规范、引导、激励、凝聚等多种功能。主要表现在以下几个方面：①青少年学生在道德认知和评价方面尚未完全成熟，因此，他们在学校的行为和习惯还需要一个统一的标准和规范来指导。另外，要加强学校与家庭、社会之间的联系，为学校教育提供一个良好的氛围，使之成为民族传统体育文化传播和继承的重要途径。仅仅依靠民族传统体育的自发传承是不足够的。尤其21世纪以来，在西方外来文化的强大冲击下，并不是每个人都能正确地理解民族文化传承与弘扬的重要性、必要性。因此，在青少年发展的初期是需要一些强制性手段来进行规范的。②校园文化能对学生的世界观、人生观、价值观、生活方式以及人格等各个方面发挥导向作用。在浓厚的校园文化氛围中，少数民族学生可以去接受民族传统体育文化的熏陶，改变他们在社会教育中对民族传统体育的一些流于形式的、粗浅的了解。这种教育对民族传统体育传承的影响是深远的、深刻的，而这种权威的教育引导作用只有学校教育才具有。③校园文化就像一种特殊的黏合剂，它的主要功能是将校园内所有人的心理和情感紧密地结合到一个共同的文化精神体系中。将民族传统体育融入学校文化建设不仅有助于培育主流和非主流民族成员之间的深厚情感，还可以通过不同民族的体育活动来增强学校成员对其他民族的认同感。

2. 民族传统体育课程的设计以及竞技项目训练方面

这是民族传统体育在学校教育中传承的显性途径。民族传统体育课程和竞技项目训练的理论基础是多元文化教育。

（三）其他形式的传承途径

1. 辐射传承

以本民族、本地区人物为主构成辐射状态。这类民族传统体育活动，从生成环境来看都有一个中心点，产生地就像轴心，相关的传说都从这一点引出，环绕这一点，形成辐射传承。

2. 线性传承

以历史人物活动的踪迹为主构成线性状态。这类民族传统体育活动以历史为线索，以人物活动为中心，具体、生动地展现了某个历史人物的发展脉络，具有连续性的活动特点。

3. 风物传承

以某一密集的风物为主，构成历代名人风物传说群。它的特点是以某一特定的风物为联结点，把不同时代的历史名人的传说连缀在一起，构成了一代又一代的人物传说层。

4.移民迁徙

一旦人类生活的环境遭到自然或人为的破坏，就会出现人类迁徙，人是文化的携带者，这种迁徙必然会促使文化之间进行交流，当然体育文化也是如此。在中国，中原和北方民族不断迁徙，促进了各民族之间的体育文化交流，从而形成了中国优秀的民族传统体育文化，使中国体育文化始终能够持续和稳定地发展。来自不同民族的优秀体育文化不断交流是体育文化丰富多彩的根本所在。

第三节 民族传统体育文化发展的现状分析

我国民族传统体育文化的发展主要有实践范畴和理论范畴两个层次。在我国体育事业全面建设和改革速度持续加快的背景下，作为我国体育事业重要组成部分的民族传统体育事业同样获得了巨大的发展动力，目前其面临的主要课题是传承和发展的问题。

我国民族传统体育具有悠久的历史，项目种类繁多，并具有丰富而深刻的传统文化内涵，因此，自身体系的庞大及不断发展必然涉及理论的建设和研究。研究民族传统体育自身的运动规律，从总体上把握和总结由规律所表现出来的外在特征，找出其一般原则和普遍特点，可以为具体研究民族传统体育的分类和各项目提供原则与依据，从而保证民族传统体育发展的科学性。近年来，民族传统体育的理论建设主要表现在理论体系建设以及历史和文化研究等方面。

一、民族传统体育文化理论体系结构的进展

民族传统体育文化拥有一套明确的理论结构，建立这样的理论框架不仅可以大致确定研究的目标和范围，还能进一步巩固民族传统体育学科的根基，并为其提供有益的指导。从一个特定的角度看，确定理论体系的框架内容能够揭示该学科的核心属性和独特性，它为民族传统体育学科提供了一个综合性的描述和解释。在当前我国民族传统体育文化建设过程中，需要建立一个科学而系统的理论架构来指导实践活动。因此，研究理论体系的结构成为民族传统体育文化发展中的一个核心议题。

针对民族传统体育文化理论体系的框架结构，我国很多学者立足于多个视角展开了整合和分类，并将其大体划分成基础研究、应用性研究与跨学科研究三个层次。基础研究是在民族传统体育学的知识结构中逐渐形成的多个学科领域；应用性研究主要是基于民族传统体育学的进展，对实际操作中的特定问题和领域进行深入探讨；跨学科研究则是指从多个视角来研究某个具体课题或现象，从而使研究结果更具系统性和整体性。跨学科研究指的是在民族传统体育学的基础和应用性研究过程中，与其他学科知识相结合形成的交叉和扩展的学科领域。

随着现代科学技术的飞速发展和民族民间文化遗产保护事业的不断推进，运用新方法、新思路来开展民族传统体育科学研究日益普遍。现阶段，我国的民族传统体育研究领域主要聚焦于基础科学研究，例如民族传统体育的基本定义、历史发展、主要特征、种类内容等方面。在应用研究方面，尽管出现了一些民族传统体育文化与经济等问题的探讨和研究，但在理论深度与实践效用方面都显得相对肤浅和不足。而对于跨学科研究的开展则相对薄弱，并且经常以单一项目出现，如武术文化学等。

民族传统体育作为一个新兴的学科领域，其理论体系的构建仍处于起始阶段。这一体系结构的形成需要一个相对漫长的发展周期。特别是民族传统体育应用研究和实践中涌现的跨学科研究，都将是一个持续发展、丰富和创新的过程。只有当这一过程在未来得到相对成熟的发展，才能证明该学科理论体系的逐渐完善和成熟。

二、民族传统体育文化其他理论的研究进展

（一）民族传统体育文化的内容与分类研究进展

项目类型多和地域分布广泛是我国民族传统体育运动的显著特点，所以研究民族传统体育文化的内容和分类是此研究的重点。截至当前，我国诸多学者在内容与分类方面选择的参照物差别较大，从民族种类、地理分布、项目比重、价值功能等不同的角度来划分，使得分类出现了多种格局。在一定程度上，这种从不同角度研究民族传统体育的做法，拓宽了研究视野，对民族传统体育学科的发展起到了不容忽视的推动作用。

（二）民族传统体育和其他体育的对比研究进展

自21世纪以来，我国民族传统体育的发展空间越来越大。在体育大融合的时代背景下，所有的单项体育项目都受到了世界体育带来的复杂影响，因此，我国的民族传统体育只有迅速地融入全球体育的浪潮之中，才能实现共同的发展和进步。目前国内部分民族传统体育工作者和学者正在积极从事这一方面的理论研究，以期在研究我国民族传统体育自身事物的同时，辩证地将其与其他体育进行对比研究，特别是中西方体育项目的特点、价值功能等的对比研究，从中找出各自的特点和优势，有机地进行完善和互补，从而间接地促进我国民族传统体育的发展和理论建设。

（三）民族传统体育文化的社会学研究进展

在体育学领域，体育人文学科专注于研究体育与人类、体育与社会之间的基本联系和规律。在当今经济全球化的时代背景下，体育学的分支学科——体育人文科学应运而生了，并成为现代体育科学研究的热点之一。采用人文社会学的方法来研究体育这一社会现象，目的是从理论角度进行解释，评估体育文化的传承和发展方向，并在完善我国体育的方针、政策、法规和制度等方面发挥重要作用。

民族传统体育属于体育运动范畴，在具备一般体育的特点和功能的同时，也在某种程度上超越了普通的体育运动，传统武术就是一个典型。将民族传统体育文化的社会学研究视为一门跨学科的研究领域，其理论研究应当以体育人文学科的理论为基础，集中探讨其中具有特色的体育运动和人与社会的互动关系，尤其是在历史和社会发展过程中，它对特定社会时期人们的社会价值观产生的影响和作用等方面的问题。目前，国内对此方面的研究主要从生理和心理两个角度去阐释，其研究深度和广度还有待于进一步提高。

三、民族传统体育历史与文化的进展

民族传统体育不仅仅是一种体育活动的表现形式，它同时也是一种在历史进程中不断发展的文化表现形式。民族传统体育具有悠久的历史，在漫长的社会演变过程中，它汲取了不同历史时期和阶段的文化元素，尤其是以个体农业经济为基础、宗法家庭为背景、儒家伦理道德为核心的社会文化体系对民族传统体育产生了深远的影响。因此，近年来，广大民族传统体育工作者逐渐意识到民族传统体育是一种隐含着丰富的文化内涵的体育运动，应当从历史和文化两个角度去展开研究，应在兼合两种因素以及其他社会因素的情况下，对它的历史发展和文化发展问题进行综合分析。

关于民族传统体育，我国广大学者致力其理论方面的研究，并发表和出版了一大批文化、历史等因素在内的学术文章与著作，如《民俗学概论》《中国少数民族文化通论》《中国武术文化概论》《武术学概论》《中国武术——历史与文化》以及《民族传统体育与文化》等。除此之外，以历史资料考证为内容的大量有关民族传统体育的著作也相对丰富起来，如国家体委武术研究院编著的《中国武术史》、国家体委文史工作委员会编著的《中华民族传统体育志》以及包括《中国古代体育史》等在内的个人著作。

从某种程度来说，民族传统体育历史与文化相结合的学术研究有助于民族传统体育理论建设朝着更加正确的方向发展，同时能对其动态研究产生借鉴意义，此外还能有效防止将民族传统体育当成一项普通体育项目来对待和研究。由于我国民族传统体育具有历史悠久、项目丰富、分布较广等特点，研究某一种或某一类地区民族传统体育项目时，无论是历史记载还是地理考究等方面，都存在着一定的困难。由此可知，民族传统体育的历史与文化研究并不是单方面的，其研究会涉及地理、风俗、政治、经济、社会等多重因素。

在漫长的社会发展中，我国的民族传统体育在内容和形式上都经历了显著的转变。随着改革开放的不断深入，人们越来越认识到只有充分理解民族传统体育项目所蕴含的丰富内涵及其功能，才能使它发挥出巨大的社会效益和经济效益。因此，近几年的研究焦点已从单一的体育领域逐步转向从历史和文化的视角去深入探讨体育的起源、变迁和发展规律，目的是全方位地理解和解释体育的特性和本质，以及掌握其发展的基本规律。除此之外，研究民族传统体育的历史与文化对深入挖掘民族传统体育的历史地位、具体角色、社会价值也都具有深远的意义。

第四节 民族传统体育文化发展中存在的问题分析

一、我国民族传统体育文化发展问题的成因分析

（一）多种发展矛盾有待解决

1. 个性化和规范化的冲突

民族传统体育文化的个性化特点，意味着在其发展历程中，民族传统体育文化始终坚守并传承着其独特的体育特色，并以此为核心进行持续的发展。它是民族传统体育区别于其他体育项目的一个重要方面，同时也是反映各民族社会生活方式和精神世界的一面镜子。鉴于各个民族在环境、生产模式以及政治和经济进展上的差异，他们的原创体育活动有着独有的特点。同时，不同地区之间存在着巨大差异，这就使得各民族传统体育呈现出千差万别的状态。东方国家高度重视集体价值的实现，而西方则更倾向于个性的张扬。即便是东方国家，中国、日本和朝鲜在体育活动的形式上也存在明显的差异。因此，在经济全球化背景下，要借鉴他国的优秀体育文化遗产，使之融入本国社会生活之中，从而形成自己独特的民族精神，促进自身文化建设。如果我国各个民族的体育特色和独特性消失，那么其存在的价值和意义也将随之消失。因此，发展民族传统体育文化的首要任务是保持民族传统体育文化的个性化发展。

人们的生活方式和价值观念从农业社会到工业社会、再到现代的信息社会发生了巨大改变，不再是以前的封闭状态。如今的社会已经转变为一个开放的交流场所，全球的文化开始迅速地交融和碰撞。由于现代生活方式的多样化，各种文化之间产生了强烈的碰撞。在这样的背景下，一个文化要想成功地传播和发展，它必须拥有沟通、识别和利用的能力。我国的民族传统体育在文化价值、娱乐和教育等方面都受到了全球的关注。然而，由于缺乏一套完善的竞赛规则，这使得其难以进行量化统计，从而大大削弱了其竞技特性，并对其外部传播产生了不利影响。另外，由于缺少科学有效的评判标准，部分民族传统体育项目被边缘化，阻碍了民族传统体育项目的传承与创新。因此，一些学者提出了对民族传统体育

竞赛规则进行完善的建议，这不仅有利于促进民族传统体育的普及，也为进一步开展国际竞技体育运动提供了理论参考。

2. 精英化和大众化的冲突

第二次世界大战结束后，体育成为最能反映一个国家、民族综合实力的有力指标。当前，发达国家和发展中国家都投入了大量的人力、物力在竞技体育上。无论是发达国家还是发展中国家，都在不懈地努力与奋斗着，都希望本民族的传统体育项目能在世界体育中占有一席之地。

从近代开始，西方的资本主义国家开始逐渐扩大其工业文明，与此同时，它们也开始对经济落后的国家进行文化侵略和渗透。在这种情况下，民族传统体育不可避免地要受到来自世界其他地区先进思想和观念的影响。我国的民族传统体育在鸦片战争后，由于文化间的不平等交流，被迫在有限的空间中努力发展。直到改革开放以来，其才得以复兴。在21世纪，随着中国的崛起，民族传统体育也根据现代社会和文化的进步需求进行了持续的创新，逐渐走向国际舞台。

精英体育并不意味着所有民族的传统体育活动都必须走向精英化。当前，我国的民族传统体育项目种类繁多，高达977种，在这种情况下，只有将民族传统体育纳入现代学校教育体系之中才能保证其健康持续地向前发展。一方面，由于民族传统体育具有鲜明的民族特色，一旦脱离了民族和地域的土壤，这种体育活动将会逐渐消失；另一方面因为我国的民族传统体育所承担的核心任务是维护民族的团结以及民族成员的社会融入。这就要求必须将民族传统体育项目进行合理分类，然后再针对不同类别制定相应的发展策略。大众体育不仅是一种健康生活方式的象征，更是连接着民族传统与地域文化的纽带。因此，面向大众的体育活动应当成为主流。

3. 区域化和国家化的冲突

就我国民族传统体育而言，地理环境是其形成和发展必须依赖的条件，所以说区域条件会或多或少地制约我国民族传统体育的发展。某一地区的生产、生活方式和社会风尚都可以通过自身民族传统体育的活动内容和形式反映出来。各地区少数民族的体育项目，由于受到不同地理环境的影响，具有各自不同的特色，如北方内蒙古自治区高原、草原辽阔，因此蒙古族人民便善于骑马、射箭。在不同的地理环境中，民族传统体育逐渐形成了多样化的特色。民族传统体育能够持续存在的关键因素和条件是其独特的地理和文化背景。这些独特的环境也塑造了民族传统体育独特的风格和形式。只有当民族传统体育以其独特的环境为基础时，它才有可能迅速地成长和传播。

总体而言，民族传统体育所具有的地域性特质，在一定程度上为其在该地区的推广提供了优越的地理、文化、社交和心理背景；为了解决发展范围狭小所带来的问题，民族传统体育需要在保留本土特色的同时，借助现代科技手段进行推广和交流。从另一个角度看，这也给其在更广泛的领域内推广带来了挑战。在多元文化的时代，促进各民族传统体育的交流显得尤为迫切。因此，如果各个民族的传统体育仅在有限的领域内进行，那么其发展的持续性可能会被削弱。因此，为了推动各民族传统体育的发展，需要积极促进不同文化间的交流与融合。

面对民族传统体育文化面临的发展挑战，政府不仅需要通过制定和实施各种支持和引导政策来助力其广泛推广，还需要考虑到各种体育项目对地理环境的依赖性。这样做是为了确保民族传统体育在全民健身活动中能够充分发挥其应有的作用和功能，同时也要注意防止其固有的人文特色被忽视。

我国的民族传统体育被视为一种独特的文化，它主要描述的是在鸦片战争之前的特定历史阶段，因受到特定的政治、经济、文化背景，以及生产、生活习惯和地理环境等多重因素的影响，而形成的中华民族的区域性文化。它以自身特有的表现形式展现出鲜明的民族特色及地域特征。在当前经济全球化的背景下，民族传统体育需要得到复兴。为了达到现代化的目标，必须妥善处理个性化与规范化、精英化与大众化、区域化与国家化等多方面的冲突和矛盾。

4.民族化和世界化的冲突

我国的民族传统体育文化体现了我国各民族在独特的自然、地理、政治、经济和文化背景下所形成的独特文化创新，其最突出的特质便是它的民族性。尽管它与其他民族的传统体育文化有一些相似之处，但在观念、组织、运动方式上仍然存在很大的差异。在民族传统体育的原始文化构建过程中，受到某些共同需求的推动，伴随群体成员之间长时间的社会互动，逐步形成了一种集体的价值观念和需求，并结合了特定的情感和态度。这种特定的文化属性是由该文化所包含的独特民族心理结构决定的。一旦这种文化特性确立，它不仅可以在内部产生行为导向、民族的整合功能，而且还可以作为区分一个民族与其他民族的关键指标。

在文化和民族心理的研究领域中，社会心理学持有一种观点，即文化作为社会现象具有其独特的属性。文化具有民族性和地域性两个特征。所指的文化的民族性，在某种程度上意味着文化是由特定的民族塑造的，并在特定的民族背景下逐渐形成和壮大，这也赋予了该民族其独有的特质；另外，又反映着该国家或地区与其他国家及民族之间的差异和联系。从某个角度看，文化是通过"同化"和"顺应"的方式融入民族成员的"认知结构"中的，从而构建出一种特定的认知模式，进一步体现为特定的民族心态。正是由于文化的这两种特性，文化之间不可避免地存在着相互吸收、借鉴、融合或斗争等关系。全球范围内，社会互动的不断增加也加剧了不同民族在文化交流中的冲突，特别是在18世纪以后，东西方文化的交流总是处于一种不平等的状态，这种交流或多或少带有一些强制性和侵略性。在这种情况下，强势文化与弱势文化之间就出现了矛盾和斗争，这就是文化传播过程中的民族性问题。由于文化传播具有选择性的特点，强势文化有可能在这样的传播过程中进行扩散、渗透和宣扬，从而形成一种具有全球影响力的文化现象；反之，弱势文化便受到抑制和压制，最终走向衰败和没落。而处于劣势的文化可能会受到束缚，甚至可能被完全替代或转变，从而导致某一文化的消失。在这个意义上说，人类的文化交流就是两种不同民族间的相互同化与异化的过程。

民族的传统体育文化代表了一种特殊的文化形式，它不仅能够加强社会的集体意识，还有助于提高整个群体的凝聚力。因此在开展各种民族传统体育竞赛中，必须注重对民族传统体育的挖掘和利用。以赛马和摔跤等民族传统体育活动为例，这些活动通常会与民族传统节日相结合进行。每当这些活动被组织起来时，各个村落和部落的居民都会成为其中的一分子，无论男女老少，都会自发或无意识地参与其中，扮演着这一民族群体成员的角色。在竞赛中，由于比赛双方均以自己所熟悉或喜欢的项目为主要内容，整个比赛场地充满着激烈紧张的气氛。参与比赛的人不仅具备强烈的竞争心态，还拥有强烈的集体荣誉感，这不仅能改善族群内部的人际关系，还能提升民族的凝聚力。那些融合了娱乐、健身功能的民族传统体育，只有与本民族的独特性相结合，并深入挖掘民族心理的文化价值，才能为其提供生存和发展的环境，进而有机会走向更加辉煌的未来；才能真正在国际上获得广泛承认，并得到更多的重视。

中华民族的传统体育文化，作为中华民族卓越文化的一部分，也是全人类共有的文化财富。它有着丰富的内涵，对现代体育运动具有重大的借鉴作用。民族传统体育的核心目标是在全球范围内进行广泛的传播。自第二次世界大战结束后，体育场已经变成了各国和各民族的主要竞技场所。这样的竞争不仅仅基于体育的实力，更重要的是一个国家在政治、经济、文化和综合国力等多个领域的竞争。

（二）西方体育文化的侵蚀

在19世纪末，西方的体育文化开始在中国传播，与此同时，西方的工业、民主政治等多个现代文明也纷纷进入中国。随着西方的不断扩张与侵略，西方文化迅速冲破樊笼走向世界。与之相比，我国的民族传统体育却仍是一种原生的文化形态，中国与西方的文化在当时呈现出封闭和开放两种截然不同的发展态势。20世纪，在我国，文化的大规模发展是以进步和发展为核心主题的，这导致了体育文化在主流文化与非主流文化之间发生了明显的互换。

在过去的一个多世纪中，以西方体育为核心的全球体育项目以及奥林匹克运动，经历了飞速的发展。随着世界体育文化迅速走向体育文化的"基本一体化"，我国的民族传统体育在其发展历程中与"土体育"和"洋体育"之间的竞争出现了严重的不平衡。有些人逐渐对西方的物质文明产生了浓厚的兴趣，同时也对西方的体育活动产生了浓厚的兴趣，如高尔夫球运动。

二、我国民族传统体育文化发展的具体问题

（一）注重理论，忽略实践

我国对民族传统体育文化的研究主要偏向于基础理论，而对实践的具体研究有所忽视。关于民族传统体育的价值、特征以及传播方式，有关学者进行了深入研究，认为其虽然形式简单，但内容丰富多彩，且具有浓郁的地域性、民族性等特征，而且集健身、娱乐、教育等多重功能于一体，有利于交流与传播。

（二）注重竞技性，忽略大众性

我国的民族传统体育深深植根于广大的民众之中，并在农村地区得到了广泛

的传播，它展现了鲜明的农业文化特色。武术、中国式摔跤、围棋和中国象棋等是最具代表性的民族传统体育项目，它们在"为奥运选拔人才"的全国运动会中逐渐淡出了人们的视线。近年来，全国少数民族体育运动会的比赛项目正呈现出规范化和竞技化的明显趋势。这难免会对民族传统体育文化的梯次发展产生或多或少的影响，有很大可能会使全社会不够重视民族体育文化。

（三）注重传统性，忽略现代性

无论是哪种文化，其有效的传承和发展都与现代生活紧密相连，我国的民族传统体育文化也不例外。在中华民族传统体育文化的演变历程中，过分强调传统元素而忽视现代元素的具体体现如下。

①片面强调民族传统体育的传统性，认为应该坚持"原生态"式的保护方式，担心民族传统体育的现代化改造可能会导致其传统文化价值的变化。这一观念在以文化遗产为基础的民族传统体育活动中是可以接受的，但它并不适用于所有民族传统体育活动。

②对于民族传统体育的传统性，存在误解和不恰当的开发。还有一些地区虽然也重视对民族传统体育进行宣传推广，却不去挖掘其丰富的文化底蕴。在许多地区，由于对民族传统体育的了解不够深入和人才短缺，保护手段显得过于简单和缺乏创新。在某些地区甚至盲目地将民族的传统体育活动转化为商业气息浓厚的旅游项目。这种盲目复制行为，不但未能妥善维护民族传统体育的文化价值，而且对民族传统体育的进一步发展也造成了严重阻碍。

③错误地将民族传统体育的现代化看作竞技化、西方化和奥运化的过程，因此采用了现代体育的各种规则来对民族传统体育进行改革。现代化首先体现在文化和观念的现代化上，然后才是表现方式和内容方面的现代化。在民族传统体育文化的演变过程中，某些地区目前更注重"形态"的现代化，而相对忽略了"精神"层面的现代化。

（四）竞技化转化不彻底

我国民族传统体育项目要想成为国际竞赛中的比赛项目，需要经过一段艰辛的历程才能得以实现。详细来说，当前一些民族传统体育项目能够成为很多大规模赛事的比赛项目，是我国很多体育工作者和体育爱好者长期努力的结果，但这是远远不够的,还有很多民族传统体育项目需要有关工作者发掘和整理。只有坚定不移地发掘和整理我国民族传统体育项目,才能有效拓宽其普及范围,增加其朝着竞技项目转化的可能性。

(五)民族传统体育文化缺乏传承者

传承和发扬我国的民族传统体育文化,人才的培养是不可或缺的。然而,专业体育人才的短缺已逐渐成为我国民族传统体育文化持续发展的关键障碍。在当前时代背景下,部分少数民族地区由于经济水平低下、基础设施不完善等,部分青少年对自身传统体育项目产生了排斥心理,进而导致其无法适应现代生活方式与工作压力。许多年轻人在离开家乡之后,不知不觉地受到了当地强势文化的影响,从而逐步淡化了他们自己民族的传统文化观念。在这种背景下,部分地方政府为促进本地经济发展,开始大力扶持少数民族传统体育项目。由于工作执行不到位,导致了"纸上谈才"的情况出现,最终群众不得不放弃了他们民族的传统体育项目。

第五章 民族传统体育文化的现代传承与发展战略

本章阐述了民族传统体育文化的现代传承与发展战略，主要包括五个方面的内容，依次是民族传统体育文化传承与发展的基本路径、建立民族传统体育文化传承与发展的保障、加强民族传统体育的挖掘与整理、健全民族传统体育文化体系、加快民族传统体育的国际交流。

第一节 民族传统体育文化传承与发展的基本路径

随着现代社会的不断发展，我国民族传统体育文化传承与发展的基本路径也应与时俱进，现阶段的基本路径主要包括以下内容。

一、推进民族传统体育和全民健身的融合

民族传统体育运动是一项社会大众都能广泛参与的运动，将民族传统体育运动纳入全民健身体系当中，非常有必要。

①民族传统体育具有鲜明的民族特色，并具有很强的表演性和娱乐性。

②民族传统体育对健身的场地要求不高，其动作也不是很复杂，适合大部分人参与。

③民族传统体育具备一定的健身与娱乐作用，从而可以促进人的身心健康发展。

④通过全民健身的途径来促进民族传统体育的发展是时代的必然要求，这是因为，随着人们生活水平的不断提高，人们越来越重视健康，并开始选择适合自己的健身活动，民族传统体育形式多样，且各个年龄段的人都可以参加，人们完全可以借此丰富自己的健身生活。

二、推进民族传统体育的竞技化发展

（一）民族传统体育竞技化发展的必然性

现阶段，现代体育的主要发展趋势就是竞技性的不断增强，人们在参与现代体育的过程中，充分地享受竞争带来的乐趣，在竞争中体验一定的成就感。现代体育的竞技性是在一定的规则下形成的，具有公平性的特征，契合现代社会竞争的环境，让人在比赛中锻炼心理素质，为以后的工作做好准备。此外，民族传统体育要想大力发展，必须走向国际化，国际化发展的前提就是必须符合现代体育的竞技特征，只有这样，才能被世界各国人民所接受。民族传统体育的竞技化发展，是一条必由之路，具有很强的必要性。

（二）民族传统体育竞技化发展的成功示例

日本的柔道和韩国的跆拳道是他们国家最具代表性的民族体育项目。它们通过吸收西方搏击、拳击等体育项目的精华，变得易于学习、训练，最终成为奥运会的一个项目。因此，柔道和跆拳道作为具有世界性影响力的运动项目，不仅仅是单纯的体育竞技，更是文化传承的象征。它们既展现了民族的独特性，同时也呈现出了鲜明的全球体育特色，完全符合奥林匹克的文化标准。近年来，我国民运会上出现的高脚竞速项目便是一个比较具有代表性的例子，它原来是民间的踩高跷项目，后来经过研究，被改造成了竞速性的民族竞技项目，在民运会上取得了很好的效果。我们也可以通过改造部分项目的规则，使其具有一定的竞技性，从而促进民族传统体育的发展。

（三）民族传统体育竞技化发展的方法

1. 以创新发展为基础

创新是一切事物发展的动力，在民族传统体育的发展过程中，要不断地进行创新，促进民族传统体育的竞技化发展。

2. 构建一定的评价指标体系

如何进行民族传统体育的竞技化发展，最关键的是建立一套科学的评价指标体系，其中趣味性、观赏性以及规则的科学性是重要指标，在建立评价指标体系的过程中，可以参考相关成熟民族传统体育项目的评价指标，向着竞技化的方向不断发展。

（四）民族传统体育竞技化发展的典型——武术

武术是我国最具代表性的民族传统体育项目，下面将重点阐述武术的竞技化发展情况。

1. 传统武术和竞技武术

传统武术以套路为主要形式，注重对武术动作的掌握和修炼。而竞技武术则注重动作的难度和优美程度，强调动作的观赏性，并不断体现武术的技击特征。例如武术中的散打，就是竞技武术的代表，它注重实战，注重武术的技击灵魂。

2. 竞技武术的发展过程

传统武术转变成竞技武术，是一种历史过程。

1957年，中央人民政府体育运动委员会（简称中央体委，现为国家体育总局）将武术正式列为竞赛项目，这也成为武术竞技化发展的标志。随后，全国很多省市相继成立了相应的武术代表队，来参加每年的全国武术锦标赛。从20世纪60年代初开始，中央体委开始鼓励教练员和运动员不断提高武术技术和动作，教练员和运动员不断探索，开创出了一批动作新、造型美、腾空高、落地稳的武术动作。1996年，中央体委在多次修改武术比赛规则的基础上，对《武术套路竞赛规则》做出重大改革，在吸取体操、艺术体操、跳水等现代竞技体育项目的评分方法的基础上，设立了一套包含选定动作和创新动作的评分细则，不断引导教练员和运动员对指定的动作进行训练，并不断提高动作的质量，促进武术继续向"高、难、美、新"的方向发展。

我国传统武术不断向竞技武术变化发展的过程，是传统武术为了适应时代的变化和发展，不断在自身条件的基础上进行改革的过程。传统武术要想在现代体育之林中屹立不倒，就必须不断进行改革。

3. 竞技武术发展的思考

随着现代体育的不断发展，武术为了适应时代趋势，不断对自身的结构和技术进行改造，使其更加适应现代体育的发展趋势，从而促进自身的发展和完善。这是因为当今世界是一个西方体育占主流的社会，大部分体育项目都是在西方社会的土壤下发展起来的，这些项目往往具备一定的规范性，它们从诞生之日起，就具有一定的竞技性质，往往具有一定的比赛规则，我国的武术是传统体育项目，是根植于我国历史文化土壤不断发展和传承下来的，因此，其竞技性不是很明显。

发展到今天，我国传统武术项目遇到了一定的瓶颈，为了适应新时代的发展，必须加快其竞技化发展的步伐。在这个过程中，我国竞技武术经历了很长的历史发展阶段，主要包括以下几个方面。

（1）军事武艺退出战争舞台

从鸦片战争开始，人们就意识到了西方军事力量的强大，当时的清政府认为武术是一项可以提高军事实力的重要手段，非常重视武术的发展。当时的曾国藩强调要在军队中习武。民间人士也"深知武术为自卫利器，非尚武无以自立。而武术既能强健身体，又可震慑地方社会"。1901年清王朝宣布废止武举制度。在民间，由于受到义和团运动的影响，清政府随后又严禁民间存置武器。面临重重危机，传统武术急需寻找生存发展之路。

（2）近代社会转型的影响

近代社会以来，我国社会发生了很大的变化，1840年的鸦片战争之前，我国一直处于闭关锁国的状态，主要以农耕文明社会为主，大部分的国民仍然过着自给自足的小农生活。

鸦片战争以后，我国社会逐渐变成了半殖民地半封建社会，原先的农业和手工业生产方式受到了冲击。在这个过程中，我国传统武术的发展面临一定的危机，传统武术的传承结构逐渐失去了其稳定性，同时，家庭构成的转变和传统伦理观念的演变也导致传统武术中的师徒关系不再稳固。在这一背景下，人们开始重新审视传统武术的文化价值。

（3）现代体育文化的传入

我国国门的打开，不仅给国内带来了先进的思想和技术，现代体育也随之进入中国。因为现代体育的规范和科学，其很快在中国占据了一定的群众市场和学校市场。我国传统武术的发展面临现代体育项目的挑战，为了适应时代的发展，必须不断对内容进行改革和完善，不断促进自身的发展。

在武术进行不断改造的过程中，需要对其自身的内容和方法持续优化，例如可以通过改变武术中的击打部位，提升武术的竞技效果。

4. 竞技武术发展的启发

竞技武术是我国民族传统体育项目的代表，因此在推动其他民族传统体育项目的发展的时候，可以从竞技武术中汲取经验。

传统武术中的拳种繁多，并且这些拳种的内涵非常丰富。为了促进武术的进一步发展，应该根据现代科学和相关理论，选取那些可以促进人类健康发展的拳种。当然，传统武术中的一些适合全民健身的内容，仍然需要进一步保留，竞技武术的发展离不开传统武术的支撑。

总之，中国传统武术的发展不能一味地进行西化，需要不断根据传统特色和现代体育的发展，走出适合中国传统武术发展的道路，从而引领我国传统武术继续腾飞。

通过分析我国武术在竞技化发展过程中的情况以及出现的各种问题，可以更好地为其他民族传统体育项目的竞技化发展提供一定的参考。

我国的民族传统体育项目是世界灿烂文化的重要组成部分，它不仅属于全中国，还属于全世界。我们应该在发展的过程中，不断开拓其竞技化的可能性，努力让我国的民族传统体育项目成为现代体育项目中的重要组成部分。

三、推进民族传统体育和学校体育的融合

随着民族传统体育的不断转型和发展，将民族传统体育的相关项目引入学校体育中，是促进民族传统体育向前发展的不竭动力。民族传统体育活动，一方面可以丰富我国校园的文化建设，一方面可以促进民族传统体育的竞技化发展。

将民族传统体育项目纳入学校体育教学，可以不断促进我国民族传统体育的发展，应该着手进行以下几个方面的工作。

①制订促进民族传统体育进校园的政策。
②教育部门应该重视民族传统体育在学校的开展。
③按照学生的特点和需求，选取一些容易在校园开展的民族传统体育项目。
④编写一些适合学校的民族传统体育教材，让学生看得懂，学得快。

四、推进民族传统体育的休闲化发展

随着社会的不断发展，现代社会已经逐步进入了休闲社会，越来越多的人除了工作和基本生活以外，拥有了更多的闲暇时间。中国职工每年的假期在114天，人们越来越希望在闲暇时间里提高生活品质以及生命质量。因此，如果对民族传统体育进行社会适应性改造，使之适应生活化的内涵和品质，吸引更多的人参与

到民族传统体育中来,就可以极大促进民族传统体育的普及和发展,进而促进民族传统体育文化的传播和传承。

五、提升民族传统体育和节日文化的融合速度

我国是一个非常注重节日文化的国家,每逢传统节假日,总会引起人们的广泛参与和认同,如春节、中秋节、端午节等,因此,可以加快民族传统体育与这些传统节日文化的融合,利用广大人民在节日里的凝聚力,开发一些民族传统体育项目,进行表演或者竞赛,并通过一些渠道,如电视、网络新媒体等吸引更多人关注和参与,从而不断促进民族传统体育的传承与发展。

六、增强民族传统体育文化与世界文化的互动

随着我国改革开放的不断推进,我国同世界各国的文化交流在不断向前发展,特别是现如今,我国正在大力推进文化的大发展和大繁荣,而民族传统体育文化作为我国优秀文化的代表,应该承担起相应的责任,不断同世界文化交流。

我国民族传统体育发展到今天,应该摒弃不符合自身发展的部分和因素,去掉其中不科学和不合理的成分,积极学习世界其他先进体育文化,并引进其中的一些竞赛规则和办法,进行科学和适当的管理,不断促进民族传统体育的改造和融合,促进民族传统体育的现代化和世界化发展。

第二节 建立民族传统体育文化传承与发展的保障

民族传统体育文化的传承与发展,离不开相关措施的保障,应该不断完善我国民族传统体育文化的保障体系,其具体措施主要包括以下内容。

一、政府出台相应的支持政策

民族传统体育要想得到快速的发展,必须得到政府的政策支持,否则,民族传统体育的生存、传承与发展就有可能被边缘化,最终变成一句空话。在很大程

度上，政府制订的许多政策，对民族传统体育的传承和发展起到了主导甚至是决定性作用。

二、构建健全的管理体系

任何项目的发展都离不开相应的组织与管理，高效的管理，可以提高项目的运作效率。民族传统体育的传承，需要有一套完善的管理体系，这样传承工作才可能有条不紊地进行下去。

首先应该建立一个民族传统体育全国管理机构，由这个机构来负责制订相应的政策和规范文件；其次，应该建立适宜的管理程序，走法治化管理的道路，通过法治程序管理民族传统体育的发展；再次，应对民族传统体育的发展过程进行合理的监管和调控；最后，应该不断整合民族传统体育资源，开发相应的自然资源和人文资源，促进民族传统体育的全面发展。

三、加大民族传统体育人才的培养力度

任何事业和项目的发展，都离不开人才的支撑。民族传统体育文化的传承和发展也离不开相应的人才。目前，民族传统体育传承管理人才短缺，现有人员也远远不能满足庞大的民族传统体育项目群管理工作的需求。各地区、各部门要采取走出去、请进来的方式为培养人才创造条件，通过开辟新的培养渠道、增加新的培养内容、设计新的培养方式、扩大新的培养对象、提高人才培养效果，适应民族传统体育传承工作对复合型人才的需要。

可以通过建立民族传统体育项目培训基地进行人才的培养，也可以通过在高校中设立民族传统体育专业，加快相关人才的培养。

四、引进市场机制，吸引资金支持

我国社会已经进入了以市场经济为主的阶段，任何项目的发展，都离不开市场和资金的支持，民族传统体育项目的传承与发展也需要与市场接轨，在一定范围内，走市场化发展的道路。因此，民族传统体育项目在发展过程中，应该积极引入市场机制，不断吸引更多资金的支持，引起更多企业家的关注，为其传承与发展增添助力。

五、建立一定的监管保障机制

民族传统体育在发展过程中，需要进行一定的监管。对相应政策的实施情况、项目挖掘与整理情况以及相应资金的使用情况等都需要进行一定程度的监管，这样有利于项目的顺利实施。在发展过程中要及时发现并解决问题，以促进民族传统体育的良好传承与发展。

第三节 加强民族传统体育的挖掘与整理

一、发掘和整理民族传统体育的意义

（一）充实体育文化，发扬传统美德

我国的民族传统体育文化种类繁多，是中华民族文化的重要代表，体现了各民族的情趣、性格、心理、人际关系和伦理道德等。为了进一步传承我国的优秀文化，丰富我国的体育文化，就应该挖掘和整理那些优秀的民族传统体育文化。民族传统体育项目是我国人民在日常生活中，根据生活习惯等不断总结出来的。其中包含着我国人民淳朴善良和勤劳勇敢的品质。人们在练习的过程中，可以进一步弘扬其中的传统美德，使我国的传统美德不断得到发扬。

（二）充实体育理论，推进体育教学实践的发展

由于我国的民族传统体育是我国人民在总结生活经验的基础上不断发展起来的，因此其也拥有从实践上升到理论的过程。在这个过程中，各族人民不断地利用自己的智慧，对各民族中的传统体育进行总结，并建立起相应的规则，从而建立了属于各民族的理论，也推动了我国体育理论的发展。

此外，民族传统体育在进校园的过程中，可以促进学校体育教学的发展。民族传统体育丰富多彩，容易引起学生的兴趣，学生们通过练习这些项目，可以进一步促进民族传统体育项目的发展。

（三）助力竞技体育，推进全民健身

随着时代的发展，民族传统体育项目也开始走向竞技化发展的道路，此外，

民族传统体育中的一些练习方法，可以成为竞技体育的训练手段和方法，如标枪运动中肩带的力量训练方法，就可以借鉴武术中的"耗肩"动作。

此外，随着全民健身的推行，全民健身的时代已经到来。民族传统体育项目种类多样、内容丰富，练习手段多元化，很适合大部分健身人群进行锻炼，通过挖掘和整理民族传统体育项目，可以为广大健身人群提供丰富而多样的项目选择。

（四）带动民族团结，维持社会稳定

我国是一个多民族国家，拥有56个民族，各民族的风俗习惯、语言等都各不相同，体育运动作为一种肢体交流方式，可以很好地促进各民族之间的交流。例如通过举办全国民族传统体育运动会，可以极大地促进各民族群众之间的交流，并进一步促进各民族之间的融合发展。这种全民族的团结盛会，可以进一步促进各地区的社会稳定，这是因为通过参加全国民族传统体育运动会，各族人民可以不断加强交流，让彼此更加了解，从而促进社会的稳定。

挖掘和整理民族传统体育项目，具有一定的理论和实践意义，也有利于促进民族传统体育的不断发展和完善。

二、不同民族传统体育项目的发掘和整理

（一）适用于健身娱乐的民族传统体育项目

从1995年开始，我国就开始推行《全民健身计划纲要》，最新颁布的《全民健身计划（2016—2020年）》，为进一步促进我国全民健身事业的发展，提供了理论上的引导。特别是随着人们健康意识的增强，越来越多的人开始关注体育运动，希望可以通过参加一些健身运动，来丰富自己的业余生活。民族传统体育项目作为一种人们喜闻乐见的项目，正在全国各地开展起来，如太极拳、五禽戏等。

随着我国社会的不断发展，人们的闲暇时间越来越多，挖掘和整理一些适合健身娱乐的民族传统体育项目可以充实人们的闲暇时间，使人们的生活丰富多彩。

（二）应引进学校的民族传统体育项目

目前，我国正在不断推进素质教育，学校体育在学校教育中的重要性越来越突出，在现代体育教学中，虽然已经拥有了一批体育项目，如田径、篮球、足球等，但是由于处于青春期的学生对任何事物都是充满好奇心的，通过不断引进一些民族传统体育项目进校园，可以引起学生的好奇和注意，进而通过尝试和参与，喜欢上其中的一些运动项目，比如武术在我国的校园里就比较受欢迎，此外还包括踢毽子、拔河等。因此，通过进一步整理和挖掘一些民族传统体育项目，可以丰富学生的体育生活，进一步促进学校体育的发展。

（三）适用于竞技化发展的民族传统体育项目

现代体育是竞技体育的天下，竞技体育拥有绝对的话语权。一个体育项目要想不断发展和完善，就需要不断地紧跟时代形势，不断进行竞技化的改造，从而吸引更多人参与。

一些国家的民族传统体育项目经过竞技化的改造后，都取得了不小的成就，如韩国的跆拳道和日本的柔道。这两个民族传统体育项目受到了世界上很多人民的关注和喜爱。

因此，必须挖掘和整理我国民族传统体育项目中那些适合竞技化发展的项目，对其进行适当的竞技化改革，创造出适合比赛的规则，不断促进我国民族传统体育的发展。

目前，中国的传统武术已在竞技化发展道路上积累了一些成功经验，虽然这个过程是曲折的，但仍是非常值得借鉴的，应该进一步挖掘和整理一些类似于武术的传统体育项目，促进我国民族传统体育的繁荣发展。

（四）适用于产业化发展的民族传统体育项目

当前，我国的很多项目都在走产业化发展的道路，体育项目也不例外，其中最有影响力的是足球和篮球。

我国的民族传统体育项目要想不断发展和完善，也要走产业化发展的道路，这是时代发展的要求。因为，只有这样才能不断创造出更多的经济价值和社会价值，走上健康发展的道路。因此，必须挖掘和整理出那些适合产业化发展的民族传统体育项目，促进我国民族传统体育的良好快速发展。

三、民族传统体育发掘和整理的关注事项

（一）凸显民族特色

民族传统体育的根本生命力在于它具有一定的民族特色，因为它是各民族文化不断发展和完善的结晶，是各民族人民现实生活的反映，是民族文化的内涵体现。

因此，在挖掘和整理民族传统体育的过程中，应该尽可能地保留其原先的民族特色，在这个基础上再进行改造和完善，并进一步丰富其内容和表现形式，避免单纯为了保留民族特色而保留。

（二）展现竞技的特征

在现代体育不断发展的今天，应该尽可能地挖掘和整理民族传统体育的竞技特点，这是民族传统体育与世界接轨的表现，也是其不断向前发展的必然要求。因此，应该尽可能地发掘民族传统体育中的那些具有竞技性特点的项目，不断充实其竞技化的内容，从而将其推向世界。

武术是我国竞技化开展得比较早的民族传统体育项目，每年我国都会举办相应的武术锦标赛，武术也是亚运会的比赛项目之一，分为套路和散手两个项目，武术在竞技化的路上发展得越来越成熟，但仍然需要进一步完善，目前所有的武术人都希望可以推动武术进入奥运会，从而推动武术的国际化发展。

在我国民族传统体育项目中，像赛龙舟、蒙古式摔跤等项目也具有明显的竞技性，应进一步挖掘其他传统体育项目的竞技性，促进民族传统体育不断向前发展。

（三）吸取精华，去除糟粕

由于我国的民族传统体育项目是几千年文化传承的结果，在发展的过程中，有的项目是不具备科学性的，需要对其进行改造。因此随着现代体育科学的发展，以及人们对生活品质的进一步追求，需要进一步挖掘和整理我国民族传统体育项目中的精华部分，去掉那些已经不符合时代发展的项目。

我们应进行批判性接受，特别是对其中一些不健康和迷信的东西一定要从根本上去除，对于那些积极健康，深受人们喜爱的项目应继续继承和发扬，为进一步发展民族传统体育做出相应的贡献。

(四)顺应时代趋势

在进行挖掘和整理民族传统体育项目的过程中,必须紧跟时代形势,努力挖掘民族传统体育项目的时代特点,并从中选择那些符合现代人生活追求的项目,这些项目要符合人的生理结构特征,危险性也不能太高。

只有那些经过改造和完善的民族传统体育项目,才能不断适应时代的发展,这些项目要符合人的运动规律,集健美和娱乐为一体,且应具有一定的休闲性,只有这样,才能适应时代发展的趋势,受到全世界人民的喜爱和推崇。

第四节 健全民族传统体育文化体系

一、加快民族传统体育项目的整理,开展科学指导

民族传统体育历史悠久,蕴藏着深厚的民族文化底蕴。在发展民族传统体育文化时,首先应注重对其的发掘,通过在全国范围内进行普查,明确民族传统体育的发展情况;还应注重对民族传统体育的记录,避免其因为技艺的失传而消失,为后人继承和发展提供良好的机会。

很多民族传统体育项目技术性较强,由于采用口传身授的方式来进行传播,这些技艺多为地方和民间的艺人所掌握,还不被人们广泛知晓。这种口传身授的方式具有很大的局限性,传播范围有限,并且容易导致技艺的失传。如今,很多技艺由于文字资料较少,随着传承者的离世,其也消失在了历史长河之中。

对民族传统体育的深入挖掘和系统整理,旨在激发人们对其背后理论的探索和研究,从而收集更丰富的研究资料,为其传承和进一步发展提供便利。在这一探索过程中,需要深入挖掘民族传统体育的内涵与历史渊源,审视其在当今社会的定位。

民族传统体育的挖掘和整理对于民族传统体育文化的学术研究具有积极的推动作用。很多民族传统体育项目中有很多不科学的东西,在挖掘和整理过程中,需要研究者积极进行辨别,将这些东西去除。很多传统体育并不被人们所认知,人们很容易被传说和假象所迷惑。例如,我国的传统养生气功并不被大部分人所理解,很多所谓的"气功大师"利用这一点来进行行骗,鼓吹气功可以治病,甚

至"无中生有"地变出一些东西。

只有通过分析和研究，引入科学的方法，才能够得出正确的认知，才能够更好地开展实践。要想促进民族传统体育文化的发展，要重视其科学理论的建设。在研究民族传统体育文化时，应该拓宽视野，基于多个学科，从多个角度和层次进行深入探讨，以科学和客观的方式理解民族传统体育的核心特性及其发展趋势。

民族传统体育的形式众多，并且涉及人与社会、体育与民族文化等方面的关系，涉及多门学科，应从民族学、社会学、文化学、伦理学等方面进行综合研究。在进行研究时，应当重视唯物主义的世界观以及现代自然科学的理论和方法对民族传统体育方法论的引导，努力构建一个完善的民族传统体育文化的科学理论框架，并持续推进民族传统体育文化向着现代化的方向发展。

二、建立民族传统体育文化研究体系

现阶段，我国应积极对民族传统体育进行挖掘和整理，并进行积极的改造。在这一过程中应注重科学的原理与方法的运用。对于一些典型的民族传统体育项目，应加强技战术、教学与训练方法、竞赛组织等方面的理论与实践研究。

（一）加强理论和实践研究

我们应从多学科、多角度对民族传统体育文化进行系统研究，把握民族传统体育产生、发展的规律，推动民族传统体育文化的现代化发展。

目前，民族传统体育学科的理论研究较为薄弱，无法满足该学科持续发展的需要。因此，现阶段，应在理论方面对民族传统体育进行深入的研究。此外，应该针对民族传统体育在传承和发展过程中遇到的实践问题，开展深入的研究。

（二）重视对民族传统体育项目自身的研究

民族传统体育是一种特殊形式的体育活动形式，具有极高的社会文化价值，它不仅仅是一种身体运动，更重要的是它是一种与外界进行信息交换的文化开放系统，具有综合性的文化特征。我们应重视对民族传统体育项目自身的研究，从中不断挖掘其文化内涵，促进民族传统体育文化体系的构建。

第五节 加快民族传统体育的国际交流

一、民族传统体育国际交流的动力支持

体育是在特定的社会历史和民族文化中形成的一种社会文化形态。它在某种程度上揭示了社会结构的独特性，反映了不同种族群体的生活习惯、价值观和文化心态。要想使复杂的民族传统体育项目国际化，就必须借助一定的内部条件和外部环境，只有在这些动力因素的支撑下，才能加速传统体育项目的国际交流。下面对推动民族传统体育国际交流的内外动力支撑进行详细的阐述。

（一）民族传统体育国际交流的内在动力

内在动力是决定事物发展的根本动力因素。体育项目的发展、传播以及国际交流的过程也取决于它的内在因素，即自身对人类全面发展的价值。主要表现为这一体育项目对人的发展需求的满足程度。具体来说，主要表现在以下几个方面。

1. 竞技性

体育运动最核心的特征就是竞技性。在竞争角逐中，运动者们通过战胜对手，实现自我价值。每一国家、每一民族，都需要这种竞争精神。因此，体育比赛有潜力成为全球最容易被接纳的"国际语言"。

2. 健身性

体育的本质是促进人们的身心健康发展，早在原始社会时期，人们就意识到了这一问题，因此才有原始时代阴康氏的"消肿舞"和《黄帝内经》中的"导引术"。进入现代社会，随着工业革命的变迁和科学技术的发展，现代化的机械设备给人们增添了物质财富，但同时也给人们的健康带来了一些危害。越来越多的人意识到需要通过体育运动保持健康，体育运动的价值日益凸显。一些体育运动具有良好的健身效果，所以在当今的体育项目中成为一种时尚，如长跑、游泳等。有一些民族传统体育项目实用性非常强，受到了不同人们的喜爱，如日本的坐禅、印度的瑜伽等。对于中国的民族传统体育项目来说，传统武术、太极拳、健身气功等，具有很高的健身价值，完全可以促进人的身心健康发展，具有很强的健身

性，这也是促进其国家交流的动力之一。

3. 娱乐性

具有一定的娱乐性是人们接受一项体育活动的重要原因，因为它能带给人们一种快乐的情绪体验。它可以有效地满足人们精神发展的需求。有些民族的体育项目在全球体育文化的交融过程中，尽管其竞技性并不突出，但其娱乐性相当出色，因此赢得了全球观众的喜爱与追捧。我国彝族人民的传统体育文艺活动"阿细跳月"在欧美一些国家也广为流行，这些都是因为活动项目本身具有一定的娱乐性，给人的身心带来了愉悦的享受。我国的少数民族中也有许多娱乐性较强的体育活动。如藏族的"跳锅庄"，彝族的"跳月"、傣族的"夏光"等。这些项目将多种功能融为一体，既给人们带来了欢乐，又有助于人们强身健体，只要适当地对其进行宣传和改造，它们也能顺利走出国门，被世界人民所接受。

（二）民族传统体育国际交流的外在动力

外在动力是事物变化发展的助力，对内部动力起着补充作用。如果我国的民族传统体育项目希望在全球体育舞台上崭露头角，成为全人类共同参与的体育活动，那么它们需要依赖特定的外部环境来进行推广和传播。它们与民族传统体育的内部文化驱动因素紧密相连，共同为民族传统体育在国家层面的发展创造了条件。外部动力主要表现在以下几个方面。

1. 媒介传播

不同国家、不同民族的特色及其文化价值，都是可以通过体育活动来表现的，同一体育活动在不同的民族文化中展现出来的文化也不尽相同。要想使各个民族都能对某一体育活动进行认同，就必须利用一定的传播媒介来宣传这种体育活动的功能价值。现代社会的传播媒介越来越发达，除了传统的电视，还出现了新媒体等移动数字媒体，对民族传统体育的传播提供了很大的支持。

2. 移民迁徙

从人类历史上看，每一个民族都会因自身的生存发展需要而进行迁移活动，并形成了相应的民族融合和文化整合过程。在全球各个民族的社会历史进程中，都出现了大量的人口迁移事件。移民迁移受到多种因素的影响，其中包括灾难、战争、疾病以及特定的生活习惯等。

民族迁徙势必引起民族内部结构和文化的变化，如东南亚国家的许多民族与我国云南的彝、傣、白、哈尼等少数民族有着密切的族源关系。即使他们在国外定居的时间已经相当长，但是在生活习惯、文化习俗等方面还留有某些残存的烙印。而人们迁徙到某地后，往往会继续保持原有的传统民俗，其中的传统体育活动也会被传承下来。

3. 国际比赛

传统体育项目能进入国际比赛中，就会成为国与国之间无障碍交流的"语言"，体育是不受社会制度、宗教信仰、地理环境的限制的。通过组织和运营一定的国际比赛，可以扩大民族传统体育的影响力，促进其传播和发展。

将本国许多优秀的、有民族特色的运动项目推向世界舞台，与当今经济全球化的发展趋势是相吻合的。在国与国不断扩大交往的今天，民族传统体育的国际交流有着非常广阔的前景。

二、促进民族体育国际交流的方略

（一）革新民族传统体育的传承形式

由于历史的原因和自然条件的制约，大部分的少数民族传统体育项目在较为偏远的地方盛行，其传播和发展受到一定的约束，大部分的项目只是为了满足本民族的健身和休闲娱乐需求，得不到很好的传承。随着现代信息技术的发展，一些民族传统体育项目可以通过技术手段展现在人们面前，改变了其传播的方式，使民族传统体育得到很好的传承。

（二）转变民族传统体育的发展模式

长期以来，我国民族传统体育都是通过传承进行发展的，如今，应改变民族传统体育的发展模式，不断促进其竞技化发展。与此同时，也要不断研究民族传统体育项目的竞技规则，促进民族传统体育的规范发展。例如，我国民族传统体育项目中的舞龙、舞狮等项目，其表现形式具有一定的竞技性，可以不断促进其竞赛规则的完善，促进其国际化发展，使我国的民族传统体育项目成为世界文化中的优秀部分。

(三)加大民族传统体育文化的宣传力度

在历史发展的进程中,各个国家和地区形成了不同的文化传统。文化会潜移默化地影响人的思想观念、行为方式,对人的发展形成一定的约束。判断一种文化是否优秀,最重要的判断标准是看其能否得到人们的认可和接受,是否有利于社会的发展和进步。我国的民族传统体育文化是我国的优秀文化之一。民族传统体育可以通过开发一些优秀的民族传统体育项目,使民族传统体育融合到世界文化的发展中。

目前,我国的部分民族传统体育项目已经成为非常成功的案例,国际龙舟赛、国际风筝节等是较为典型的代表。这些比赛的举行和推广,有利于在全世界范围内推广与普及我国的优秀民族传统体育项目,使我国体育文化在世界体育文化之中占有一席之地,从而为我国民族传统体育文化的发展创造更大的平台,也有利于促进世界体育文化的发展与繁荣。

(四)改变民族传统体育的技术结构

为了适应现代体育的发展趋势,应该积极改造民族传统体育的技术结构,改变其竞赛规则,使其呈现出容易判定结果,集观赏性和竞技性于一身的发展趋势,这样才能促进民族传统体育的国际交流。

第六章　优秀民族传统体育文化传承与发展实例

本章主要介绍优秀民族传统体育文化传承与发展实例，主要从三个方面进行阐述，分别是舞龙、舞狮的传承与发展，健球、木球的传承与发展，秋千、风筝的传承与发展。

第一节　舞龙、舞狮的传承与发展

一、舞龙的传承与发展

舞龙是中华民族传统体育娱乐活动，是中华民族传统文化的重要内容，其发展历史悠久、内容丰富、风格独特，深受人们的欢迎和喜爱。

每逢佳节、盛会，广场和街头都会有人舞起龙灯，营造喜庆的氛围。舞龙者在龙珠的引导下，手持龙具，跟随音乐伴奏，通过人体运动和姿势的变化完成龙的游、穿、戏、缠等动作和套式。舞龙运动充分体现了中华民族的坚强品质。传承舞龙文化对弘扬民族传统文化具有重要意义。

（一）探寻舞龙的文化底蕴

传承舞龙文化，要重视舞龙技术动作的演变及创新发展，在创新的同时充分挖掘舞龙运动的文化底蕴。舞龙是中华民族优秀的传统文化，与西方竞技体育存在较大差异，因此不能盲目对其进行竞技化改造，而要根据本民族的文化特色加以调整和改变，保留舞龙文化的内涵。

（二）汇总民间舞龙文化

在现代社会背景下，我们应深入挖掘与科学整理民间舞龙文化，促进舞龙文化与现代社会的交融，适当组织舞龙比赛，进一步促进各地舞龙文化的交流。在市场经济条件下发展舞龙文化，应与市场经济相结合，提升舞龙运动的经济价值，同时还要重视舞龙套路编排的创新，促进舞龙文化的多元化和创造性发展。

（三）加快舞龙文化的创新

舞龙历史悠久，舞龙文化的传承与发展应根植于传统文化，但随着现代社会环境的不断变化，我们也应立足创新视角进行舞龙文化的传承与发展。创新是舞龙现代化发展的重要保证，我们要正确认识传统舞龙文化与现代社会发展之间的互动关系，在保留其文化特色的前提下不断创新，使其适应现代社会的发展。

（四）促进国际化发展

要想促进舞龙文化在新时代的发展，加强舞龙文化的国际化推广与交流显得尤为必要。像跆拳道和空手道在世界上的成功推广就得益于其文化扩张的影响，并且跆拳道和空手道都有一套完整的商业运作体系，我们的舞龙文化也应效仿这一途径，依靠政府的帮助和保护来实现进一步发展。

二、舞狮的传承与发展

舞狮是中华民族的传统民间艺术，是风格独特的民族传统体育运动。舞狮展现了南北派舞狮两种不同的艺术风格。北派舞狮的主要表演形式是"舞狮"，其中小狮一人进行舞蹈，而大狮则是由双人进行舞蹈，其中一人负责站立舞狮头，另一人则是弯腰舞狮身和狮尾。舞狮人的全身覆盖着狮子的被子，下身穿着与狮身毛色一致的绿狮裤和金爪蹄靴。南派舞狮与北派舞狮相比，其舞蹈风格迥异。尽管南派舞狮也是一种双人舞蹈，但舞狮表演者通常会穿着灯笼裤，其上仅有一块多彩的狮被。"狮子郎"与北派舞狮有所不同，他头上戴着大头佛的面具，身着长袍，腰间绑着彩带，手中紧握葵扇，以此来逗乐狮子，并完成各种技巧，非常滑稽、有趣，深受大众的欢迎和喜爱。

舞狮是中华民族传统体育非遗的重要组成部分，在非遗保护视角下传承与发展舞狮文化具有重要意义。

（一）以政府为核心，深度挖掘舞狮文化内涵

舞狮是中华民族优秀的传统文化财富，促进舞狮的传承与发展对弘扬我国传统文化具有重要作用。在舞狮的传承与发展中，体育局、文化局等有关部门应深入挖掘舞狮文化的深厚底蕴，有序整理舞狮文化遗产，政府部门还要加大资金、人力等方面的投入，同时制订保护舞狮文化的法律法规，进一步保障舞狮的传承与发展。

（二）定期举办舞狮赛事

舞狮是传统民间艺术，在漫长的发展历史中深深扎根于群众，深受群众的欢迎和喜爱。随着人民生活水平的提高及余暇时间的增多，健身锻炼成为人们的休闲生活方式之一，而舞狮恰好具有突出的健身娱乐价值，其作为一种调节身心的运动方式，能有效增强人的体质、娱乐人的身心、陶冶人的情操，因而被广大人民群众所喜爱。在现代社会背景下，我们应根据各地条件而举办各种形式的舞狮大赛，吸引越来越多的人参与这项运动，在弘扬舞狮文化的同时也为舞狮队提供了交流技艺的平台，这对于进一步传承与提升舞狮技能非常重要。

（三）通过高校传承舞狮文化

学校一直以来都是民族传统文化传承的重要阵地，传承舞狮文化要充分利用学校这一平台。高校校园文化非常丰富，将舞狮文化引进丰富多彩的高校校园文化体系中对促进舞狮文化的弘扬与传播具有重要意义。

高校基础设施完善且人力资源丰富，这为开设舞狮课程提供了良好的条件。高校可以邀请民间舞狮艺人来授课，使学生深刻理解舞狮文化的内涵，这样既能促进高校传统体育教学的发展，又能彰显民间艺人的价值，从而更好地弘扬与传播舞狮文化。

第二节 毽球、木球的传承与发展

一、毽球的传承与发展

毽球运动孕育于中华传统文化中，拥有悠久的发展历史。踢毽子在汉代最早

出现，盛行于隋唐时期。随着不断的演进，毽球运动出现了多种多样的形式，动作花样越来越多，难度动作和技巧动作也有所增加，精彩的毽球表演让人眼花缭乱。

当前，作为民族传统体育非遗重要组成部分的毽球运动在推广和发展的过程中面临一些困境，如大众认识不到位，缺少发展资金，缺乏专业毽球人才，民间活动缺乏组织性，毽球比赛活动较少，体育管理部门不够重视，等等。从这些现实问题出发，可从下列几方面使毽球运动走出困境，实现更好的传承与发展。

（一）在公共场所宣传与推广毽球运动

体育活动比较集中的场所有社区和公园，将毽球运动引进这些场所可起到良好的宣传作用。在这些场所举办毽球交流与比赛活动，不仅能为毽球爱好者提供切磋的平台，营造良好的运动氛围，还能够提高大众对毽球运动的认识水平。此外，学校可通过开设毽球课程、组建毽球社团或俱乐部、开展校园毽球比赛等方式来加深学生对毽球的认知，提高学生对这项运动的兴趣，吸引更多的学生参与。

（二）开展毽球赛事

要让毽球运动被更多的人认识与参与，就要深入人民群众，多举办交流活动。举办毽球交流比赛是传播毽球文化的一个重要举措。大众可自发举办毽球赛事，让更多群众了解毽球文化，通过亲身参与或观赏而感受毽球的魅力。

（三）充分发挥现代传媒的作用

为扩大毽球运动的传播范围，提高传播效果，应将现代传播媒介如电视、广播、网络等充分利用起来，多报道一些和毽球运动有关的有价值的新闻，使毽球运动被更多的人关注。在宣传毽球运动的同时，还要挖掘毽球的传统文化内涵，传播民族传统体育文化。此外，毽球运动员、毽球研究者也要承担起传播毽球文化的重任。

二、木球的传承与发展

木球是中国少数民族传统体育项目，宁夏回族自治区是木球运动的发源地，学术界认为宁夏回族自治区泾源县"回族赶牛"游戏是木球运动的雏形。现代木球运动的传承是从 1982 年开始的，这一年，木球作为表演项目出现在第 2 届全国少数民族传统体育运动会上，从而被更多的人认识与了解。作为宁夏回族自治区级非遗保护项目，木球运动的传承与发展对传承中华民族精神及提升我国的文化软实力具有重要意义。

随着外来文化的传入及其对我国传统文化的持续冲击，我国民族传统体育的发展屡屡受挫，木球运动作为少数民族传统体育非遗长期流传于民间，若不及时保护与传承，则可能导致该项目的失传。为了推动宁夏回族自治区木球文化的传承与发展，我们应做好如下工作。

（一）构建并完善组织机构

传承与保护民族传统体育非遗，需要建立专门的组织机构。现阶段宁夏回族自治区设立的相关组织机构有非物质文化遗产管理中心等，但这些机构在运行过程中缺乏必要的联系。对此，建议当地体育局成立民族体育非遗保护中心，挖掘与整理当地木球文化，组织木球赛事，加强各方面的管理，并协调其他组织的工作，提高传承效果。

（二）发掘木球校本课程

传承与保护民族传统体育非遗要依托学校这个重要阵地，因此，应将木球运动引进学校中，充分利用学校的教育资源开设木球课程，开展特色化木球教学，从而对宁夏回族自治区这一独具特色的非遗项目进行有效保护，并促进整个民族传统体育非遗的传承与保护。

第三节　秋千、风筝的传承与发展

一、秋千的传承与发展

秋千是中华少数民族传统体育项目的典型代表，是首批列入国家级非遗名录的少数民族体育项目。不同民族对秋千运动的诠释与理解是有差异的，但从根本上来说，有两千多年发展历史的秋千运动是作为一项娱乐项目传承至今的。秋千运动多出现在庆祝丰收、相互取悦的场景中，营造了欢快愉悦的氛围。秋千运动体现了人们热爱生活、乐观向上的态度。秋千融合了诸多传统文化，营造了喜庆氛围，弘扬了少数民族文化。传承与发展秋千运动对弘扬与传承中华民族优秀传统文化起着重要作用。

下面从三个方面来分析秋千的传承与发展策略。

（一）增强理论研究，为传承奠定基础

传承秋千文化，首先要进行相关理论研究，对该项目的深层文化内涵与知识结构进行挖掘和整理，从而为保护与传承奠定基础。在秋千的理论研究中，要对其起源与发展、多种功能、文化特征、当代价值、现实应用等进行全方位的系统的研究，还要对比分析不同地区秋千运动的相同点和不同点，总结各地的传承与发展经验，建立符合地方实际的特色化传承与发展机制。

在秋千传承与发展的理论研究中，还要定期展示研究成果、公开研究信息，并进行书面论述，从而更好地宣传秋千文化，引起社会的关注，获得群体的支持。

（二）走竞技化发展的道路

要实现民族传统体育的延续与发展，就要走科学化、普及化和规范化之路，而竞技化发展是实现科学化、规范化目标的一条重要出路。挖掘秋千运动的竞技特性与价值，举办秋千比赛，制订与完善秋千比赛规则，优化秋千基础设施条件，加强秋千竞赛管理，培养秋千运动员，使他们在全国少数民族运动会中展示秋千技能，将秋千运动传播到全国各地甚至是国外，提升秋千文化的影响力。

（三）数字化传承

随着信息技术的不断发展，数字化传承与保护方式逐渐成为非遗传承与保护的重要方式之一，用数字化手段传承与保护秋千运动能够取得良好的效果。数字化保护是利用先进的数字技术，将平面和立体的移动信息、图像和符号信息、声音和颜色信息，以及文字和语义信息等转化为数字格式，从而便于存储、展示和应用的一种先进的保护方法。为了确保数字化保护的真实性，需要广泛地收集和有组织地整理秋千项目的历史资料、珍贵的视频等资料。这些资料需要按照时间顺序进行分类处理，可以建立一个网络数据库来进行分类存储，这样可以方便后续的使用和完善。此外，文字信息还可以以电子文档的形式存储，以便于查阅。

总之，数字化传承与保护需要花大量时间和精力去完成一系列工作，如果运用得当，则可大大提高传承与保护效果。

二、风筝的传承与发展

风筝是我国非常古老的一项民间民俗体育活动，在漫长的历史演进中，随着风筝技术的不断提高，风筝运动逐渐发展成一项竞技性民族体育运动。1984年，山东潍坊举办了第1届潍坊国际风筝节，吸引了大量国内外游人观赏，促进了风筝文化在国内外的传播，也向国外人民展现了中华民族的优秀传统体育文化。

随着社会经济的发展和城市化进程的加快，放风筝的人逐渐减少，现在制作风筝基本都是批量生产，原来专门制作风筝的手工艺人无人问津，从而导致风筝的制作工艺濒临失传。在非遗保护背景下，如何保护与传承风筝文化，使其适应现代社会需求是需要我们思考的一个重要问题。下面我们从三个方面提出当前社会背景下风筝的传承与发展建议。

（一）遵从风筝运动的自然发展规律

对风筝文化加以传承与保护，必须对该项目的基本发展规律予以遵循。风筝是一项将情、景、物融为一体的民间运动，有鲜明的主题、巧妙的构思，而且风格独特、民俗色彩浓厚。我们应将风筝运动看作一种独特的民族文化形式，将其引进校园、社区、广场，在各种形式的活动中既要展示风筝技术，又要保留与传播风筝运动中蕴含的文化特色，从而满足人们的审美需求。

（二）重视数字化保护和传承

传统手工匠人掌握了精湛的风筝扎制工艺，但随着前辈逐渐老去，掌握传统风筝手工制作技能的匠人越来越少。对此，地方有关部门可向这些传统手工匠人了解风筝的扎制方法、技巧，录制他们扎制风筝的过程，再对视频进行美化、配音、添加字幕等处理，最后将录制视频发布到平台，便于业余爱好者学习，提高人们对于风筝的关注度。

（三）勇于创新，与世界接轨

在致力于保护和传承风筝文化的过程中，也需要对该项目的形式和内容进行创新，以满足现代人的需求，并获得全球人民的认可。风筝是我国历史悠久的传统体育项目之一。2004年在天津召开的联合国教科文国际民间艺术组织执委会会议上，潍坊国际风筝会被列入联合国教科文国际民间艺术组织2005年非物质文化遗产及民间艺术保护工程。借此优势，我们应继续加大创新力度，开发世界性的风筝赛事，使中华传统风筝文化在世界各地传播，弘扬中华民族光辉灿烂的传统文化。

参考文献

[1] 张丰.非遗保护视角下民族传统体育文化的传承与发展研究 [M].长春：吉林大学出版社，2022.

[2] 佟贵锋，杨树叶.民族传统体育与文化 [M].大连：大连理工大学出版社，2015.

[3] 童富强，岑海龙，刘大鹏.民族传统体育理论发展与实践指导教程 [M].北京：中国纺织出版社，2020.

[4] 石丽华，吕涛.我国民族传统体育文化传承与发展研究 [M].太原：山西经济出版社，2021.

[5] 王海军.民族传统体育文化的传承发展与保护研究 [M].长春：东北师范大学出版社，2017.

[6] 翟翠丽，伍广津.民族传统体育文化在我国体育教育中的传承与发展 [M].北京：知识产权出版社，2018.

[7] 李繁荣.民族传统体育文化及其传承研究 [M].济南：山东大学出版社，2014.

[8] 彭友.民族传统体育教学与文化传承研究教学方法及理论 [M].北京：群言出版社，2022.

[9] 刘长青.文化自信下民族传统体育文化传承分析 [J].文体用品与科技，2023（20）：79-81.

[10] 梁金孟，张树滑.高校体育与民族传统体育文化融合发展分析 [J].文体用品与科技，2023（19）：16-18.

[11] 贾维强.数字化赋能民族传统体育文化传承与发展的空间探究 [J].北京文化创意，2023（4）：90-96.

[12] 贾维强，黄小翠. 数字藏品助力中华民族传统体育文化的传承与发展 [J]. 百色学院学报，2023，36（4）：10-17.

[13] 陈姣，李洪涛. 少数民族传统体育文化传承 [J]. 当代体育科技，2023，13（23）：110-113.

[14] 唐云豪，王立军. 智媒体时代民族传统体育文化传承的价值意蕴与创新路径研究 [J]. 辽宁体育科技，2023，45（4）：104-108.

[15] 胡吉娟，寸亚玲. 云南旅游产业开发的民族传统体育文化传承路径研究 [J]. 文体用品与科技，2023（13）：67-69.

[16] 张晓. 大众传媒推动云南省民族传统体育文化传承的发展策略探究 [J]. 文体用品与科技，2023（13）：58-60.

[17] 姚磊，洪邦辉. 贵州省仡佬族传统体育文化发展研究 [J]. 武术研究，2023，8（6）：95-99.

[18] 何敏. 黔东南地区民族传统体育文化的旅游活化研究 [D]. 桂林：广西师范大学，2023.

[19] 吴国华. 广西少数民族传统体育文化的政治功能探析 [D]. 南宁：广西民族大学，2022.

[20] 张新月. 民族传统体育文化软实力评价指标体系构建研究 [D]. 上海：上海体育学院，2018.

[21] 余少东. 怒江州怒族传统体育文化传承路径与创新发展研究 [D]. 昆明：云南师范大学，2019.

[22] 何涛. 新时代民族传统体育文化的精神价值在学校教育中的融合研究 [D]. 兰州：西北师范大学，2019.

[23] 杨琦. 贵州省纳雍县苗族芦笙舞"滚山珠"民族传统体育文化的调查研究 [D]. 南昌：南昌大学，2020.

[24] 代申奇. 黔西南州少数民族传统体育文化遗产保护与利用研究 [D]. 吉首：吉首大学，2016.

[25] 安琼. 全民健身背景下黔东南少数民族传统体育文化传承与发展研究 [D]. 桂林：广西师范大学，2021.

[26] 秦钢. 我国民族传统体育文化资源与产业发展研究 [D]. 武汉：武汉理工大学，2012.

[27] 赵云喜. 云南省高校体育专业少数民族大学生民族传统体育文化认同研究 [D]. 昆明：云南师范大学，2019.